Manuelles Trainingsspielzeug für die Jungenwerkstatt

Harris W. Moore

Writat

Diese Ausgabe erschien im Jahr 2024

ISBN: 9789359945408

Herausgegeben von
Writat
E-Mail: info@writat.com

EINFÜHRUNG.

Der weise Mann lernt aus der Erfahrung anderer. Das ist der Grund für diese Einführung – um dem Jungen, der die in diesem Buch beschriebenen Spielzeuge herstellen möchte, einige der „Tricks des Handwerks" zu erklären. Es wird jedoch angenommen, dass er eine gewisse Unterweisung im Umgang mit Werkzeugen erhalten hat.

Dieses Buch basiert auf langjähriger Erfahrung im Unterrichten von Jungen, und aufgrund dieser Erfahrung möchte der Autor seinen jüngeren Lesern zwei Ratschläge geben: Erstens, studieren Sie die Zeichnung sorgfältig – jede Linie hat eine Bedeutung; Zweitens werden gedruckte Anweisungen klarer, wenn man das Werkzeug tatsächlich in die Hand nimmt und mit der Ausführung der beschriebenen Arbeit beginnt.

BANK.

Wenn er die Schraubstockschraube kauft, kann ein ehrgeiziger Junge eine Bank bauen, die seinen Bedürfnissen entspricht, vorausgesetzt, er kann sie am Boden oder an der Wand befestigen. Es sollte starr sein. Ein Anfänger findet ein Hartholzbrett, 10"×2"×1/4", das am vorderen Ende der Bank befestigt ist, einen bequemeren Halt als der gewöhnliche Bankhund. Wenn er eine schön verarbeitete Bank hat, sollte er das tun Lernen Sie, zu arbeiten, ohne die Bank zu beschädigen. Ein *Schneidebrett* sollte immer griffbereit sein, um darauf zu meißeln und zu hämmern und um die Tischplatte vor jeglichem Missbrauch zu schützen. Der *Bankhaken* sollte eine Seite zum Sägen und eine zum Hobeln haben , erstere Einen Block haben, der kürzer ist als die Breite des Bretts, so dass die Zähne der Säge, wenn sie durch das Werkstück dringen, auf den Werkbankhaken und nicht auf die Tischplatte treffen.

MARKIERUNGSWERKZEUGE.

Um genau zu messen, halten Sie das *Lineal* so an der Kante, dass die Teilungen auf der Skala dem gemessenen Objekt nahe kommen. Lassen Sie mit der Bleistift- oder Messerspitze einen Strich auf das gemessene Objekt zeichnen, der die Teilungslinie auf dem Lineal genau fortsetzt. Wenn dies vermieden werden kann, verwenden Sie niemals das Ende des Lineals. Lernen Sie, anhand einer Zahl auf dem Lineal zu messen.

Die Spitze des *Messgeräts* sollte wie eine Messerspitze gefeilt werden. Es steht selten auf dem Nullpunkt der Skala. Wenn Sie das Messgerät für genaue Arbeiten einstellen, messen Sie daher mit einem Lineal vom Block bis zum Sporn. Das Messgerät ist für einen Jungen ein ziemlich schwieriges

Werkzeug, aber es wird sich lohnen, es zu beherrschen. Es kann überall dort verwendet werden, wo rechtwinklige Kanten hergestellt werden sollen, Fasen und Abschrägungen sollten jedoch mit einem Bleistift markiert werden.

Bei der Auslegearbeit sollte der Balken (der dicke Teil) des *Trysquare* immer entweder auf der Arbeitsfläche oder der Arbeitskante liegen. (Siehe <u>Seite 13</u>, <u>Anweisungen zum Hobeln</u> .) Lassen Sie das Sägeblatt flach auf einer beliebigen Oberfläche aufliegen. Halten Sie den Trysquare eng am Werkstück, wobei Finger und Daumen wie eine Vogelkralle wirken.

Für präzise Arbeiten (z. B. Verbindungen) sollten Linien mit der scharfen Spitze einer kleinen Messerklinge gezogen (geritzt) werden , die fast gerade nach oben von der Kante der Trysquare- Klinge gehalten wird.

Kreise werden durch zwei Linien markiert, die sich in der Mitte kreuzen.

SÄGEN.

Die Zähne einer *Stichsäge* sind wie viele kleine, hintereinander angeordnete Meißel; Sie schneiden das Holz ab. Die Zähne einer *Kappsäge* ähneln Messerspitzen, sie ritzen zwei Linien ein und das Holz bricht zwischen ihnen ab. Große Sägearbeiten sollten auf einem Sägebock durchgeführt werden, damit der Arbeiter seine Arbeit erledigen kann. Wenn es notwendig ist, das Werkstück zum Auftrennen im Schraubstock festzuhalten, halten Sie es schräg, sodass der Griff der Säge der Linie vorausgeht, wie es natürlich der Fall ist, wenn das Werkstück auf einem Sägebock liegt.

Die *Rücksäge kann* als Kappsäge in jeder Faserrichtung eingesetzt werden .

Jede Säge sollte in Bewegung sein, wenn sie das zu schneidende Holz berührt. Um sie an die richtige Stelle zu führen, lässt ein Arbeiter seinen Daumen die Säge direkt über den Zähnen berühren, wobei die Hand fest auf dem Holz ruht. Eine kleine Kerbe, die direkt an der Schnittlinie in die Kante eingeschnitten wird, hilft einem Anfänger dabei, genau zu beginnen. Sägen sind schnelle Werkzeuge und es lohnt sich, mit ihnen langsam genug zu arbeiten, um präzise Arbeiten zu erledigen. Planen Sie die Arbeit so, dass möglichst wenige Schnitte entstehen.

Wendesägen werden am besten so verwendet, dass der Schnitt im Zughub erfolgt und die beiden Hände nah beieinander bleiben. Wenn ein Griff gedreht wird, muss der andere gleichermaßen gedreht werden.

FLUGZEUGE.

Da Jungen es im Allgemeinen eilig haben, ihre Arbeit zu erledigen, neigen sie dazu, große Späne mit dem Hobel einzusammeln. Dies führt zu grober Arbeit. Feine Späne sind besser. Wenn der Hobel waagerecht auf dem

Werkstück ruht, findet er die hohen Stellen ohne ständige Anpassung. Die ersten zwei Zoll eines Strichs sind am schwierigsten zu hobeln; Um diese zu hobeln, drücken Sie stärker auf das vordere Ende des Hobels. Starten Sie das Flugzeuglevel. Normalerweise ist es am besten, das Flugzeug in der Schubrichtung gerade oder nahezu gerade zu halten.

Der *Blockhobel* wird ordnungsgemäß zum Hobeln der Holzenden verwendet. (Siehe Seite 12 zu Haltearbeiten.) Auf anderen kleinen Flächen ist es jedoch oft praktischer als ein großer Hobel.

BITS.

Schneckenbohrer werden nach Sechzehnteln des Durchmessers des von ihnen gebohrten Lochs nummeriert, z. B. Nr. 4 bohrt ein 4/16-Zoll-Loch. *Bohrbohrer* werden nach Dreißigstelsekunden nummeriert.

Wenn Sie mit einem Schlangenbohrer bohren, hören Sie auf, sobald der Bohrer durch die andere Seite sticht, drehen Sie das Werkstück um, stecken Sie den Bohrer in das kleine Loch, das er gemacht hat, und beenden Sie den Bohrvorgang. Das Holz wird immer gespalten, wenn der Bohrer weit durchdringen kann. Es ist schwierig, ein Loch direkt durch ein Stück Holz zu bohren, denn um festzustellen, ob der Bohrer beim Bohren gerade gehalten wird, muss man ihn aus zwei Richtungen betrachten. Wenn jemand anders einen Viertelkreis vom Arbeiter entfernt stehen und das Gebiss beobachten kann, ist das die beste Hilfe; andernfalls muss der Arbeiter selbst die Stütze festhalten, während er einen Viertelkreis umläuft und beurteilt, ob das Gebiss gerade ist. Es ist darauf zu achten, dass das Werkstück im Schraubstock gerade gehalten wird.

NÄGEL.

Die Wörter „Nagel", „Brad" und „Nageln" werden in diesem Buch etwas synonym verwendet; „nageln" kann bedeuten, einen Nagel zu treiben. Brads haben kleinere, dickere Köpfe, Nägel haben größere, flache Köpfe.

Um einen Nagel gerade einzuschlagen, beginnen Sie ihn gerade. Das Loch kann nicht durch Biegen des Nagels begradigt werden, so dass es nach dem teilweisen Einschlagen gerade aussieht. Viele sanfte Schläge mit dem *Hammer* schlagen oft einen Nagel ein, wo schwere Schläge versagen würden. Die Finger, die den Nagel einklemmen, verhindern oft, dass er sich verbiegt. Halten Sie die Nägel nach Möglichkeit von den Ecken der Bretter fern. Mehrere Nägel, die zwei Bretter verbinden, halten sie stärker, wenn die Nägel in unterschiedlichen Winkeln eingeschlagen werden. Nägel werden normalerweise „gesetzt", das heißt, die Köpfe werden mit einem *Nagelsatz unter die Oberfläche* getrieben. Sie müssen immer unterhalb der zu hobelnden Flächen angebracht werden. Es ist oft ratsam, den ersten oder zweiten Nagel erst dann einzuschlagen, wenn die Arbeit untersucht wurde. Beim

Herausziehen von Nägeln ist ein Klotz unter dem Hammer oft eine große Hilfe und schützt auch die Oberfläche des Werkstücks.

SCHRAUBEN.

Schrauben benötigen in der Regel ordnungsgemäß gebohrte Löcher, um sie aufzunehmen. Zuerst ein großes Loch, die Größe der Schraube über dem Gewinde, dann ein kleines Loch, die Größe an den Gewindewurzeln (bei Hartholz etwas größer) und einen Platz für den Kopf, der mit einem *Senker hergestellt wird* . Normalerweise sollte die Schraube leicht durch das erste Holzstück gleiten und im zweiten fest sitzen. Der *Schraubendreher* sollte immer in der Ausrichtung der Schraube gehalten werden und in den Schlitz im Kopf passen. Bei hartem Holz muss man darauf achten, die Schrauben nicht abzudrehen, insbesondere Messingschrauben, die leicht brechen.

KLEBER.

Ein Anfänger fragt sich oft, warum Dinge an seinen Fingern kleben bleiben und nicht an der richtigen Stelle; es liegt daran, dass er ein wenig Kleber an seinen Fingern und normalerweise viel an dem Artikel hat; Verwenden Sie daher nicht zu viel Kleber. Besonders bei Löchern und deren Zapfen ist es am besten, beide Kontaktflächen mit Klebstoff zu bestreichen. Ein guter Kleber hält zwei Oberflächen fest und stellt einen guten Kontakt her. Er ist stärker als das Holz. Wischen Sie überschüssigen Kleber so schnell wie möglich ab, indem Sie heißes Wasser für Heißkleber verwenden. Dadurch wird viel Arbeit eingespart. Lassen Sie dem Kleber ausreichend Zeit zum Trocknen. Die Feuchtigkeit muss sich ihren Weg durch das Holz selbst bahnen, und das dauert Stunden; Sechs bis zehn Stunden sind nicht zu lang.

SANDPAPIER.

Schleifpapier variiert in der Körnung von Nr. 00 bis Nr. 3, wobei jedes Blatt gestempelt wird. Es sollte nicht an einem bestimmten Werkstück verwendet werden, bis alle Arbeiten mit Kantenwerkzeugen abgeschlossen sind. Die in der Oberfläche verbleibenden Sandpartikel würden ein Kantenwerkzeug schnell stumpf machen. Wenn Sie Schleifpapier auf ebenen Flächen verwenden, wickeln Sie es eng um einen rechteckigen Holzblock. Versuchen Sie, alle Ecken so scharf zu halten, wie sie von den Kantenwerkzeugen hinterlassen werden, damit ein klares Erscheinungsbild entsteht, das immer ein Zeichen für gute Verarbeitung ist. Oft muss beim Halten des Werkstücks beim Schleifen mit der gleichen Sorgfalt vorgegangen werden wie beim Formen. Schleifen Sie immer mit oder in Längsrichtung der Maserung.

DÜBEL.

Fast auf Maß gehobelte Stöcke können rund und glatt gemacht werden, indem man sie durch ein Loch in einem Hartholz- oder Eisenblock treibt; Solche Stöcke werden Dübel genannt. Es können zwei Löcher verwendet werden, wenn das zweite nur wenig kleiner als das erste ist. Fahren Sie vorsichtig mit einem *Holzhammer* statt mit einem Hammer. In vielen Modellen in diesem Buch werden solche Dübel verwendet. Dübel (allerdings nach einem anderen Verfahren hergestellt) können oft im Baumarkt gekauft werden.

BOHRER.

Um kleine Löcher leichter bohren zu können, ist ein *Handbohrer* unerlässlich. Für einige Löcher genügt ein kopfloser Nagel. Um bessere Bohrer herzustellen, brechen Sie eine Nadel, eine Stricknadel, eine Schirmrippe oder ein anderes Stück harten Drahtes auf die passende Länge; Glätten Sie ihn auf einem Schleifstein in der Nähe der Spitze auf zwei Seiten. Setzen Sie es dann in das Spannfutter der Handbohrmaschine ein und versuchen Sie, es im richtigen Winkel auf dem Schleifstein zu halten, um die beiden Schneidkanten zu bilden. Oder es kann an die Kante der Bank gehalten und mit einem Ölstein, der auf der Bank liegt, geschärft werden. Aus Stricknadeln lassen sich so sehr praktisch lange Bohrer herstellen.

SCHÄRFUNG.

Das Arbeiten mit stumpfen Werkzeugen ist insgesamt unbefriedigend. Ein Junge sollte lernen, seine eigenen Schneidwerkzeuge zu schärfen. Um eine gute Fase an einem Werkzeug wie einem Meißel zu schleifen, muss dieser auf einer stabilen Unterlage aufliegen. Die Lichtreflexion auf der neu geschliffenen Oberfläche zeigt an, ob die Oberfläche eben ist oder nicht. Durch diesen Schleifvorgang entsteht eine sogenannte Federkante oder Drahtkante, und das Werkzeug muss auf einem Ölstein geschärft werden, um diese Drahtkante zu entfernen. Die flache Seite *muss flach* auf dem Stein liegen; Die Abschrägung darf nur geringfügig angehoben werden. Vermeiden Sie beim Schleifen der Fase eine schaukelnde Bewegung, da diese die Kante abrunden würde. Nachdem die Drahtkante vollständig entfernt wurde, kann eine noch schärfere Schneide erzielt werden, indem das Werkzeug auf einem Stück Leder abgezogen wird, ähnlich wie beim Abziehen eines Rasiermessers. Ein Stück Leder, das auf eine Holzhalterung geklebt und gelegentlich mit feinstem Schmirgelpulver bestreut wird, trägt wesentlich dazu bei, die Kantenwerkzeuge scharf zu halten.

ARBEIT HALTEN.

Die Art und Weise, wie die Arbeit im Schraubstock gehalten wird, entscheidet oft über Erfolg und Misserfolg. Kleine Flächen lassen sich leicht plan hobeln, wenn sie nahezu bündig mit den Backen des Schraubstocks gehalten werden, sodass die Oberseite der Bank als Führung für den Hobel dient. So lassen sich zum Beispiel die <u>Radmitte</u> , <u>Seite 20</u> , oder die <u>Kurbel, Platte 33 , ganz einfach hobeln.</u> Manchmal können Gegenstände, wie z. B. Spulen, am Ende sicher gehalten werden, wenn sie bei seitlichem Zusammendrücken gequetscht werden könnten.

Eine gute Möglichkeit, die Paddel des Sandrads (<u>Platte 21</u> , <u>Abb. 4</u>) zum Sägen der Linien AB zu halten, besteht darin, die Paddel etwa auf halber Höhe des Endes des Schraubstocks zu platzieren, damit die Rücksäge in der Nähe gehalten werden kann Ende der Schraubstockbacken.

Der *Tischhaken* ist das beste Gerät zum Halten vieler kleiner Arbeiten zum Sägen und zum Hobeln von Seiten, Ecken und Enden. Beim Hobeln der Enden kann, um ein Aufspalten der hinteren Ecke zu vermeiden, ein weiteres gleich dickes Stück hinter das erste gelegt werden. Der bessere Weg besteht jedoch darin, niemals über die hintere Ecke zu hobeln, sondern das Werkstück und den Hobel immer zur Mitte hin zu drehen; Mit anderen Worten, hobeln Sie auf halber Strecke von jeder Kante. Wo eine Ecke abgetrennt werden kann, um einen Stützpfeiler zu bilden, besteht praktisch keine Gefahr, dass diese Ecke spaltet. Informationen zum <u>Hobeln dünner Bretter</u> finden Sie auf <u>Seite 19</u> .

HINWEISE ZUM HOBELN .

1. Hobeln Sie eine breite Fläche. Testen Sie es *quer* , *längs* und *eckig* . Diese Fläche wird *Arbeitsfläche* genannt und sollte mit einem Bleistiftstrich in der Nähe der Kante markiert werden, die als nächstes gehobelt werden soll. Bei einem kurzen Brett kann der Eckentest mit einem Richtscheit durchgeführt werden; Auf einem langen Brett werden Wickelstäbe benötigt. Das sind gerade Stöcke mit parallelen Kanten. Stellen Sie sie in der Nähe der Enden des Bretts hochkant über das Brett. Wenn das Auge in einiger Entfernung von einem Stock zum anderen blickt und ein Ende des entfernteren Stocks erhöht erscheint, muss diese Ecke des Bretts stärker gehobelt werden.

2. Hobeln Sie eine Kante. Testen Sie es *quer* mit dem Winkel auf der Arbeitsfläche und *längs* mit einem Haarlineal. Dies wird als *Arbeitskante bezeichnet* . Markieren Sie es mit zwei Bleistiftlinien, die Sie in der Nähe der Linie auf der Arbeitsfläche zeichnen.

Diese beiden Oberflächen sind von großer Bedeutung. Daraus werden alle Messungen durchgeführt und alle Tests durchgeführt. Das Trysquare und das Messgerät sollten immer auf einer dieser beiden Oberflächen aufbewahrt werden.

3. Richten Sie die Enden aus. Testen Sie sie mit dem Trysquare sowohl von der Arbeitsfläche als auch von der Arbeitskante aus.

4. Messen Sie die Breite von der Arbeitskante aus. Flugzeug zur Linie. Testen Sie diese Kante mit dem Trysquare auf der Arbeitsfläche.

5. Messen Sie die Dicke von der Arbeitsfläche aus. Flugzeug zur Linie.

Manchmal muss die obige Reihenfolge natürlich geändert werden. Es ist gut, sich die beste Arbeitsreihenfolge auszudenken.

PROBLEME

PLATTEN UND ARBEITSANWEISUNGEN

DART – Platte 1.

Ein Pfeil wie der erste, der auf Tafel 1 gezeigt wird , bohrt sich in eine Zielscheibe aus weichem Holz. Zwei oder mehr Jungen, jeder mit drei Pfeilen, konkurrieren möglicherweise darum, die höchste Punktzahl zu erzielen. Nummer drei Ringe eines Ziels 5, 10 und 15 und das Bullauge 25.

Der Pfeil besteht aus zwei Teilen, einem runden Stab und einem Papierruder. Um den runden Stab mit einer Länge von 7" und einem Durchmesser von 1/4" anzufertigen, empfiehlt es sich, mit einem etwa 9" langen Stab zu beginnen, damit man ihn beim Hobeln leicht halten kann . Hobeln Sie zuerst den Stab *im Quadrat* , 1/4" lang. 4", und gerade. Um einen so kleinen Stab gerade zu hobeln, sollte er auf die Oberseite der Bank gelegt werden. Testen Sie es beim Hobeln regelmäßig, indem Sie es von der Seite betrachten. Wenn es die richtige Größe hat, fassen Sie ein Ende mit der linken Hand, legen es auf die Bank, wobei der Zeigefinger die Bank berührt, und hobeln Sie mit einem kleinen Hobel die Ecken ab, um einen echten achteckigen (achtseitigen) Stock zu erhalten . Als nächstes machen Sie es sechzehnseitig, nehmen Sie sehr feine Späne und schleifen Sie es dann gut ab. Sägen Sie die überschüssige Länge ab und lassen Sie den besten Teil des Stocks 7 Zoll lang.

Binden Sie ein Ende mit feinem (Schirm-)Draht zusammen. Um es gut zu binden, machen Sie eine quadratische Ecke 1 Zoll von einem Ende des Drahtes entfernt und legen Sie diese 1 Zoll der Länge nach über den Stab. Halten Sie es mit dem linken Daumen fest, während Sie den langen Teil des Drahtes sanft um den Stab und den Draht wickeln. Drehen Sie die beiden Enden zusammen und schneiden Sie ab, was nicht benötigt wird. Klopfen Sie das verbleibende Ende des Drahtes vorsichtig glatt.

Bohren Sie in dieses Ende des Stocks ein Loch für einen 1-Zoll-Brad. Feilen Sie den Kopf vollständig ab und treiben Sie den Brad rückwärts ein, wobei Sie 3/16 Zoll herauslassen. Dann feilen Sie die Spitze richtig scharf. Teilen Sie das andere Ende des Stabs vorsichtig 1 Zoll auf. Stellen Sie ihn dazu aufrecht in den Schraubstock, setzen Sie ein Messer auf das Ende und klopfen Sie mit einem Hammer auf das Messer. Führen Sie in diesen Spalt das gebogene Papierruder ein, wie in der Abbildung gezeigt 1. Das Ruder sollte auf die in der Arbeitszeichnung gezeigte Form und Größe zugeschnitten und dann in die richtige Form gebogen werden.

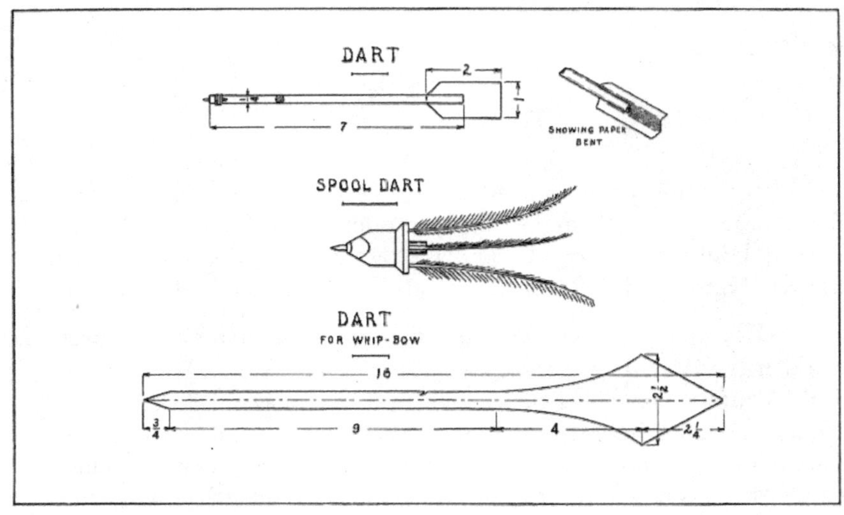

DART, SPULENDART UND DART FÜR WHIP-BOW – PLATTE 1

SPULENDART – <u>PLATTE 1</u>.

Ein einfacher zu werfender Pfeil kann aus einer Spule hergestellt werden, wie auf <u>Tafel 1 gezeigt</u>. Drei gleich gebogene Federn sorgen beim Wurf für eine wirbelnde Bewegung des Pfeils.

Machen Sie einen etwa 7 Zoll langen Stab, der genau in das Loch einer Spule mit einem Durchmesser von etwa 1 Zoll am Ende passt. (Siehe <u>Dübel</u>, <u>Seite 11</u>, auch <u>Kleber</u>, <u>Seite 10.</u>) Ein solcher Stab kann durch Umdrehen ziemlich weit in ein Loch gedrückt werden, aber wenn er stark mit einem Hammer eingetrieben wird, splittert die Spule leicht. Nachdem der Stab in die Spule eingeklebt ist, halten Sie die Spule aufrecht an den Backen des Schraubstocks und drücken Sie den darunter hervorstehenden Stab zusammen. Machen Sie dann mit der Rücksäge vier schräge Schnitte, um die Spule zu schärfen. Feilen Sie einen 2 1/4 Zoll großen, 1 Zoll langen, quadratischen Nagel ab; Führen Sie ihn rückwärts in ein dafür vorgesehenes Loch in der Mitte der Spule ein. und mit einer Feile gut schärfen. Sägen Sie den Stab einen halben Zoll vom anderen Ende der Spule entfernt ab und bohren Sie drei Löcher in das Spulenende, in die Sie drei etwa 10 cm lange Federn kleben.

DART FÜR PEITSCHENBOGEN – <u>PLATTE 1</u>.

Dieser Dart wird am besten aus einer Schindel hergestellt. Wenn dies nicht der Fall ist, hobeln Sie ein 1/2" dünnes Brett [1] an einem Ende auf 1/8". Zeichnen Sie die Mittellinie der Länge nach und legen Sie die Form des Abnähers mit dem breiten Teil am dünnen Ende fest. Sägen Sie von jeder Kante der Schindel aus quer bis zu der Stelle, an der die Kurve beginnt, und dann der Länge nach bis zu diesem Punkt. Halten Sie das dünne Ende im Schraubstock und schneiden Sie die Kurven mit einem Messer, Speichenhobel oder Ziehmesser ab. Machen Sie die Spitze an jedem Ende mit einem Hobel. Um schräge Linien wie diese zu hobeln, ist es sehr wichtig, das Werkstück so schräg in den Schraubstock zu legen, dass die Linie parallel zur Oberseite der Bank und ziemlich nahe an den Backen des Schraubstocks verläuft. Finden Sie den Punkt, an dem sich der Pfeil ausbalanciert, indem Sie ihn am Finger testen, und machen Sie die kleine Kerbe für die Sehne, indem Sie zuerst eine Stichsäge und dann ein Messer verwenden.

Ein Peitschenbogen besteht aus einer 20 Zoll langen Schnur, die am Ende eines 20 Zoll langen Stocks befestigt ist. Am freien Ende der Schnur wird ein Knoten befestigt. Um den Pfeil zu werfen, fangen Sie die Schnur in der Kerbe ein, halten Sie das breite Ende des Pfeils in der linken Hand und den Stock in der rechten Hand, werfen Sie die rechte Hand nach vorne und lassen Sie den Pfeil aus der Schnur fliegen.

[1] Um ein Brett zu halten, während es sehr dünn gehobelt wird , befestigen Sie es mit vier Holzstiften an einem anderen flachen Brett.

Für einige der Modelle in diesem Buch eignet sich ein flaches Brett von etwa 9" × 4" × 7/8" mit einer an einem Ende festgenagelten Klammer, die 1/8" über die Oberseite hinausragt, als am besten zum Halten dünner Bretter Hobeln . Wenn die Klampe etwas breiter ist als die Höhe des Blocks am Bankhaken, eignet sich der Bankhaken gut als Halt.

SUMMER – PLATTE 2.

Der Summer besteht aus einem Rad und zwei Griffen, die mit einer Schnur verbunden sind. Um das Rad herzustellen, zeichnen Sie einen 3-Zoll-Kreis auf ein 3/16-Zoll dickes Stück Holz. Zeichnen Sie eine Linie durch die Mitte, entlang der Maserung, und eine weitere im rechten Winkel dazu, um so den Kreis in Viertel zu unterteilen, Abb. 1. Beachten Sie nun, dass die vier Viertel jeweils in einer anderen Richtung geschnitten werden müssen, um eine Teilung des Kreises zu vermeiden. Legen Sie das Modell flach auf den Bankhaken und sägen Sie die Ecken des Quadrats ab. Halten Sie es nun mit einem Viertel nach oben in den Schraubstock und schneiden Sie mit dem Speichenhobel die Ecken in Pfeilrichtung in diesem Viertel ab, bis der Kreis erreicht ist. Achten Sie darauf, keinen Teil der Linie abzuschneiden. Es ist zu beobachten, dass in diesem Viertel das Hirnholz jenseits der Pfeilspitze sicher geschält werden kann, am Seitenholz, wo der Pfeil beginnt, ist dies jedoch überhaupt nicht möglich. Der Speichenhobel sollte eher leicht gehalten werden, damit er der Kurve folgen kann. Beobachten Sie sorgfältig die Richtung der Pfeile und verfahren Sie mit den anderen Vierteln auf die gleiche Weise. Die letzten Chips sollten sehr fein sein. Bohren Sie zwei kleine Löcher für die Schnur 1/4 Zoll auf jeder Seite der Mitte. Schleifen Sie das Modell gut ab. (Siehe Schleifpapier, Seite 11.)

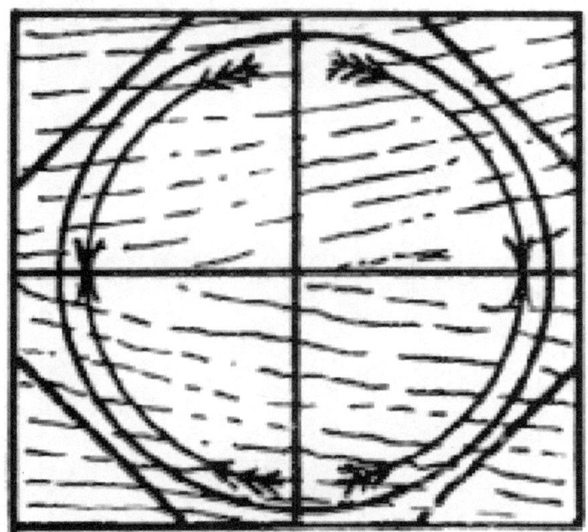

Abb. 1

Die beiden Griffe lassen sich am besten hobeln, wenn man sie in den Bankhaken hält und den Hobel so dreht, dass die Seite auf der Oberseite der

Bank liegt. Nachdem die Ecken auf diese Weise gehobelt wurden, können die Enden gehobelt werden , ohne dass die Gefahr einer Spaltung besteht. Bohren Sie die Löcher für die Schnur. Die Kanten und Enden der Griffe sehen besser aus, wenn sie nicht geschliffen sind.

Bespannen Sie das Modell, indem Sie ein Ende einer 3 Fuß langen Schnur durch ein Loch in einem Griff, dann durch das Rad, dann durch den anderen Griff und dann zurück durch die anderen Löcher führen und es am anderen Ende der Schnur befestigen. Um es in Gang zu bringen, nehmen Sie einen Griff in jede Hand, schwenken Sie das Rad hin und her und ziehen Sie die Griffe für einen Moment vorsichtig auseinander. Möglicherweise ist ein wenig Übung nötig, damit es gut klappt. Um das Summen lauter zu machen, bohren Sie zwei 5/16-Zoll-Löcher an gegenüberliegenden Teilen des Rads 1/2 Zoll von der Felge entfernt. (Siehe Bits , Seite 9.) Um ein Splittern zu vermeiden, bohren Sie *rückwärts,* bis der Bohrer einen tiefen Kreis im Holz markiert.

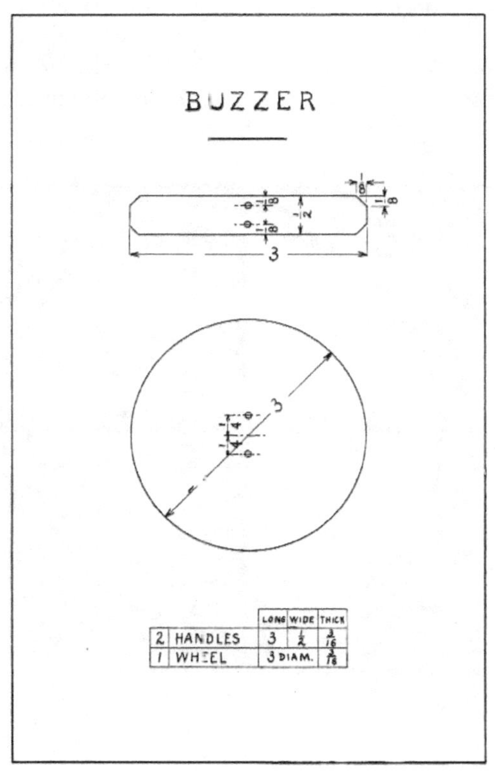

SUMMER – PLATTE 2

FLYING TOP – .

Wie alles, was fliegt, sollte dieses Oberteil so leicht wie möglich sein. Geeignete Hölzer sind Bass, Pappel oder Weichkiefer. Nachdem das Holz für die Oberseite auf Maß gehobelt wurde , sollte ein 3/16-Zoll-Loch direkt durch die Mitte gebohrt werden. (Siehe Bits , Seite 9.) Zeichnen Sie die Zeichnung auf der Oberseite an und schnitzen Sie sie auf die Linie. Dabei ist große Sorgfalt erforderlich Schnitzen, um die beiden Ecken, die gerettet werden sollten, nicht wegzuschnitzen; dies gilt insbesondere dann, wenn die Maserung nicht gerade ist. Vorschläge zur Herstellung des Griffs finden Sie auf Seite 16. Kleben Sie den Griff oben fest. Um ihn fliegen zu lassen, halten Sie ihn zwischen den beide Hände und drücken Sie die rechte schnell. (Siehe Tafel 3.)

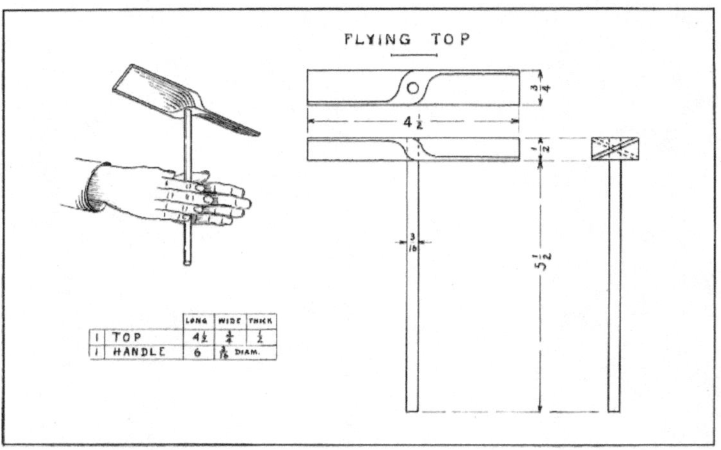

FLYING TOP – PLATTE 3

FLIEGENDES OBERTEIL – Platte 4.

Diese Form des fliegenden Kreisels erfordert sorgfältige Arbeit, um eine gute Verbindung herzustellen. (Siehe <u>Anweisungen zum Hobeln</u>, <u>Seite 13.</u>) Nach dem Hobeln der beiden Flügel auf Maß muss die Verbindung mit Messer und Lehrenlinien ausgelegt und mit Rücksäge und Meißel ausgeschnitten werden. Zwei wichtige Fakten sollten gelernt werden: Die *Länge* einer Kerbe entspricht der *Breite* des anderen Stücks; Die Linien, die die Tiefe der Kerben markieren, müssen von der Arbeitsfläche jedes Teils aus gemessen werden. Nachdem die Verbindung ausgelegt ist, halten Sie das Werkstück im Bankhaken, während Sie die Tiefe der Kerbe sägen. Achten Sie darauf, dass Sie *in der Kerbe sägen*, nicht außerhalb der Linie. Schneiden Sie mit einem Meißel, der mit der flachen Seite nach unten gehalten wird, zwischen den Sägeschnitten von jeder Seite des Holzes zur Mitte hin. Wenn das Gelenk montiert ist, zeichnen Sie die Kurven an jedem Arm des Rads an. Beachten Sie dabei, dass beim Drehen des Rads immer die vordere Ecke des rechten Arms weggeschnitten werden muss. Wenn alle diese Kurven gezeichnet sind, nehmen Sie die Verbindung auseinander und schnitzen Sie die Linien aus. Als nächstes kleben Sie die Verbindung fest und bohren ein 3/16-Zoll-Loch gerade durch die Mitte. Stellen Sie die Achse aus Hartholz her. (Siehe <u>Seite 16</u> und <u>Dübel</u>, <u>Seite 11.</u>) Eventuell kann ein Spieß verwendet werden.

Nachdem der Griff auf Maß gehobelt ist, zeichnen Sie Bleistiftlinien 1/4 Zoll von jeder Kante entfernt für die Fasen. Die Kurve der Fase kann freihändig gezeichnet werden. Sie sollte 1 1/16 Zoll von einem Ende des Griffs entfernt enden. Eine gute Fase ist quer flach. Wenn die Maserung des Holzes gerade ist, lassen sich die Fasen leicht schnitzen; Wenn es schief ist, achten Sie darauf, dass es nicht über die Linie spaltet. Nachdem die Fasen fertig sind, schneiden Sie eine weitere 1/8 Zoll breite um das Ende des Griffs herum ab. Nachdem die beiden Blöcke gehobelt sind , bohren Sie ein 1/4 Zoll großes Loch 3/8 Zoll von einem Ende entfernt. Kleben und nageln Sie sie 1 Zoll fest der Griff.

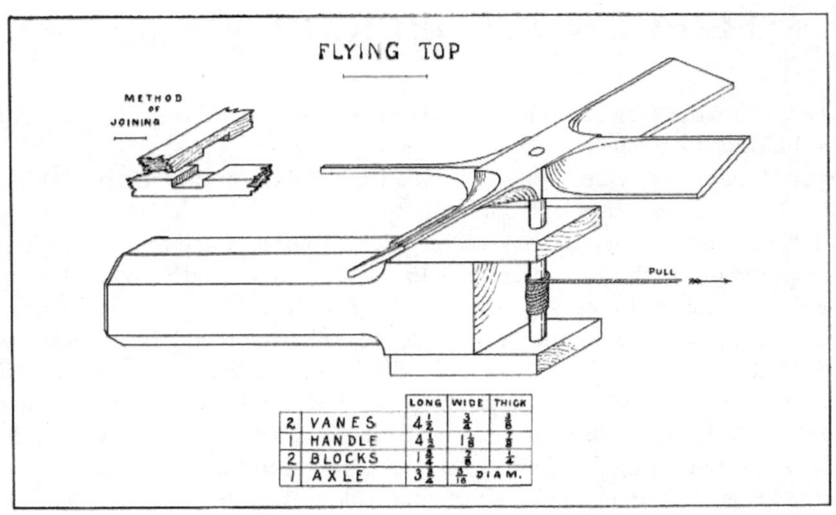

		LONG	WIDE	THICK
2	VANES	$4\frac{1}{2}$	$\frac{3}{4}$	$\frac{3}{8}$
1	HANDLE	$4\frac{1}{2}$	$1\frac{1}{8}$	$\frac{7}{8}$
2	BLOCKS	$1\frac{3}{4}$	$\frac{7}{8}$	$\frac{1}{2}$
1	AXLE	$3\frac{3}{4}$	$\frac{3}{16}$ DIAM.	

FLYING TOP – TAFEL 4

Die unterschiedlichen Größen, Formen und Farben der Kreisel, die sich auf einem Teller drehen, bieten einen lebendigen Anblick. Der vorgeschlagene ist vielleicht so groß, wie er für einen solchen Sport gemacht werden sollte. Kleinere Modelle lassen sich leicht aus Spulen herstellen, ohne dass eine Scheibe oder ein Rad dafür hergestellt werden muss. Je schlanker die Spindel ist, desto schneller lässt sich der Kreisel drehen. Machen Sie zunächst einen ca. 15 cm langen Stab, der in das Loch in der Spule passt. Hobeln Sie 2,5 cm davon ab und verjüngen Sie ihn auf nur 0,3 mm. Kleben Sie dann die Spule 3,8 cm unterhalb dieses schmalen Endes fest. Halten Sie nun die Spule am Ende in den Schraubstock und führen Sie mit der Rücksäge einen Sägeschnitt zur Hälfte durch die Spule in der gleichen Schräge wie der schräge Teil der Spule durch. Sägen Sie dann bis zum Ende dieses schrägen Schnitts. Drehen Sie die Spule fast um und wiederholen Sie diesen Vorgang. Sägen Sie es dann vollständig ab und schnitzen Sie die Spule auf eine gute Spitze.

Zeichnen Sie einen 2-Zoll-Kreis auf ein 1/4-Zoll dickes Stück Holz. Zeichnen Sie nach Belieben weitere Kreise zum Ausmalen. Beachten Sie die Anleitung auf Seite 20 zur Herstellung eines Rades. Wenn das Rad rund ist, bohren Sie ein 5/16-Zoll-Loch in die Mitte, schleifen Sie es ab und kleben Sie es auf die Spule und die Spindel. Es kann mit Buntstiften oder Wasserfarben bemalt werden.

TOP
2
13/16
1/4
LONG WIDE THICK
1 WHEEL 2 DIAM. 1/4
1 SPINDLE 1 13/16 5/16 DIAM.
1 SPOOL END

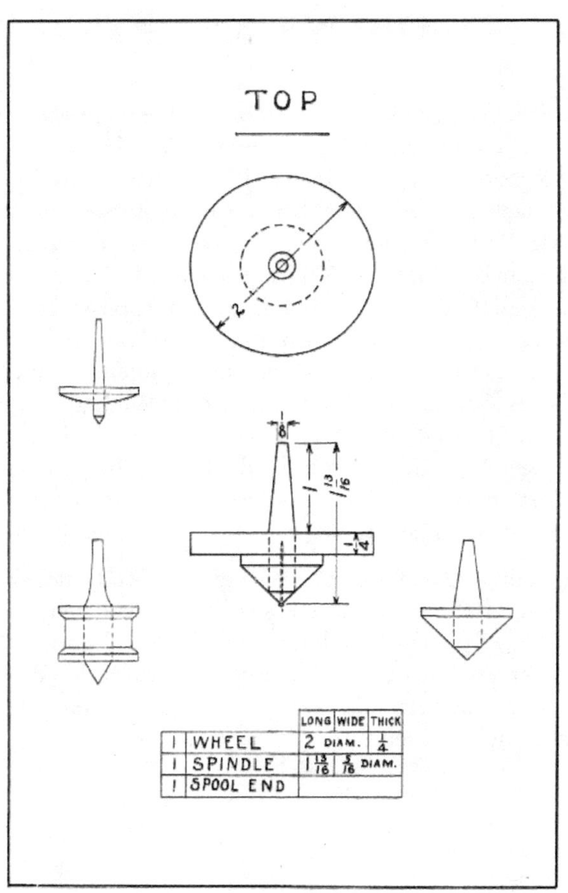

OBEN – Tafel 5

TOM-TOM-TROMMEL – Platte 6.

Wie bei einer Geige hängen die Klangqualitäten dieser Trommel von der Qualität des verwendeten Holzes und der Dicke des Resonanzbodens ab. Fichte ist ein gutes Holz, obwohl der Trommelstock durchaus härter sein kann.

Eine gute Möglichkeit, zwei Stücke gleicher Länge und Dicke herzustellen, besteht darin, *ein* Stück, das breiter ist als die beiden Stücke zusammen, auf die richtige Länge und Dicke zu hobeln und es dann der Länge nach in zwei Teile zu sägen. Um die Decke und die Zwischenstücke anzufertigen, ist es am besten, mit einem Stück von etwa 6" × 7/8" × 5/16" zu beginnen. Wenn kein 1/8" dickes Holz für die Resonanzböden zur Hand ist, hobeln Sie es Machen Sie auf allen Flächen ein dickeres Stück mit den Maßen 3" × 2" × 5/16". Messen Sie dann eine Linie von 1/8" von jeder breiten Fläche rund um das Stück ab und sägen Sie zwischen diesen Linien. Um diese beiden Teile zu hobeln, legen Sie sie auf das in der Fußnote auf Seite 19 beschriebene Brett.

Kleben und nageln Sie die Teile mit sehr kleinen Nägeln oder 1/2 Zoll abgeschnittenen Stiften zusammen. Lassen Sie den Kleber sechs bis zehn Stunden trocknen, bevor Sie den Trommelstock in den Saiten drehen. Schneiden Sie in der Nähe der Enden der Oberteile eine kleine Kerbe um zwei oder drei Saitenstränge aufzuwickeln. Drehen Sie den Trommelstock in die entgegengesetzte Richtung, in der er auf den Resonanzboden treffen soll. Um ihn zu spielen, halten Sie ihn in der linken Hand und lassen Sie die Finger der rechten Hand über das Ende gleiten den Trommelstock, wodurch der Trommelstock auf den Resonanzboden trifft.

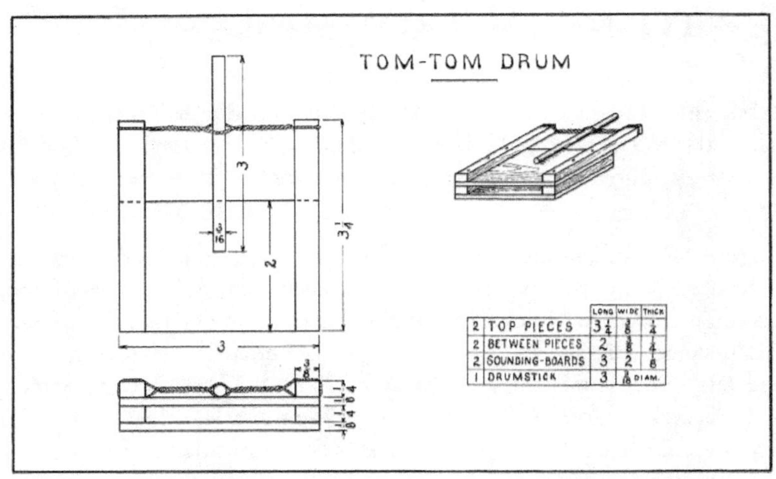

		LONG	WIDE	THICK
2	TOP PIECES	$3\frac{1}{4}$	$\frac{3}{8}$	$\frac{1}{4}$
2	BETWEEN PIECES	2	$\frac{3}{8}$	$\frac{1}{4}$
2	SOUNDING-BOARDS	3	2	$\frac{1}{8}$
1	DRUMSTICK	3	$\frac{3}{16}$ DIAM.	

TOM-TOM DRUM – PLATTE 6

Der schwierig herzustellende Teil dieses Modells ist ein schönes, glattes Loch. Am sichersten ist es, mit einem dicken Stück Holz für den Lauf zu beginnen, 6" × 1-1/4" × 1-1/4". Zeichnen Sie an einem Ende einen 7/8" großen Kreis; Bohren Sie dann das 7/16-Zoll-Loch so gerade wie möglich, beginnend in der Mitte des Kreises. Hören Sie mit dem Bohren auf, sobald die Spitze des Bohrers durch das andere Ende sticht, und zeichnen Sie einen weiteren 7/8-Zoll-Kreis und stellen Sie dabei die Nadel ein. Himmelsrichtung in dem winzigen Loch, das der Sporn hinterlassen hat; dann endet langweilig. Als nächstes hobeln Sie das Stück rund um die Größe der Kreise. Der Ladestock sollte wie auf <u>Seite 16 beschrieben hergestellt werden</u> . Das Loch sollte nun mit Sandpapier bearbeitet werden, indem ein langes, schmales Stück Sandpapier eng um den Ladestock gewickelt und an beiden Enden mit einer Schnur festgebunden wird. Fertigen Sie den Griff an, achten Sie dabei darauf, das Loch gerade und 1 Zoll tief zu bohren, und kleben Sie den Ladestock hinein.

Schneiden Sie 3/8 Zoll des Teils eines Korkens ab, der fest in das Fass passt. Schlagen Sie einen dünnen Nagel oder ein Metall durch ein Stück hartes Leder (oder Zink oder Kupfer) und schneiden Sie es auf einen Durchmesser von 1/4 Zoll zu. Bohren Sie ein kleines Loch genau in die Mitte des Endes des Ladestocks und schlagen Sie dann den Nagel durch die Mitte des Korkens und in den Ladestock.

Um das Loch im Lauf noch besser zu machen, lassen Sie ein paar Tropfen einer Kerze hineintropfen und führen Sie den Ladestock schnell ein und schieben Sie ihn schnell hin und her. Ein plötzlicher Druck auf den Ladestock bläst den anderen Korken mit einem lauten Knall heraus. Um diesen Korken aufzubewahren, binden Sie ein Ende einer Schnur darum und das andere Ende um das Fass.

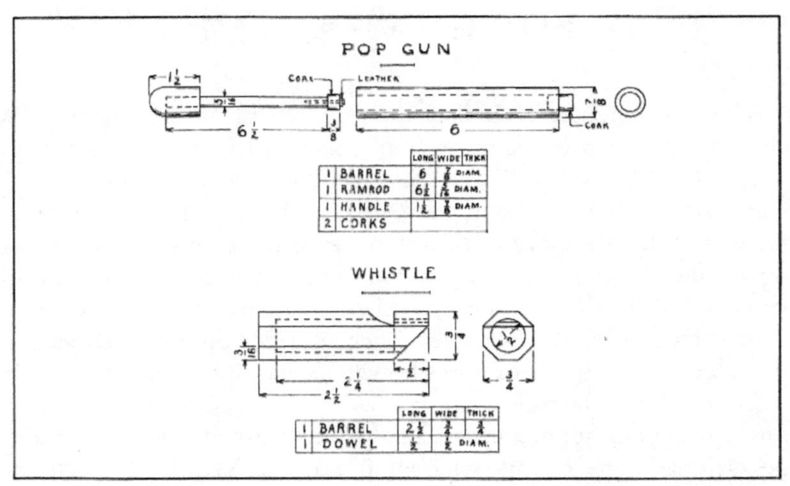

POP GUN AND WHISTLE – Tafel 7

Pfeife – .

Die Größe der Kammer, der Kerbe, des Lufteinlasses, die Kraft, mit der die Luft eingeblasen wird – das sind einige der Bedingungen, die den Ton einer Pfeife beeinflussen.

Hobeln Sie ein Stück fein gemasertes Holz mit den Maßen 6" × 3/4" × 3/4". Diese Länge wird empfohlen, damit zwei Bohrversuche durchgeführt werden können. Bohren Sie ein 1/2" großes Loch mit einer Tiefe von 2 1/4". Um das Bohren dieser Geraden zu erleichtern, spannen Sie ein Lineal (z. B. das Lineal) zusammen mit dem Vierkantstab in den Schraubstock. Halten Sie eine Kante des Lineals in der Mitte einer Seite des Stabes. Anschließend bohren Sie ein gerades Loch Zeichnen Sie auf allen vier Seiten Bleistiftlinien im Abstand von 3/16 Zoll von den Längskanten entfernt. Eine gute Möglichkeit, solche Linien zu zeichnen, besteht darin, den Nagel des Mittelfingers als Führung auf eine Seite des Stifts zu legen und den Stift beim Gleiten eng über diesen Nagel zu halten. Die Hand muss eher starr gehalten werden. Durch Übung gelingt es einem, auf diese Weise Linien ziemlich genau zu zeichnen. Legen Sie den Stab so in den Schraubstock, dass eine Kante gerade nach oben zeigt, und hobeln Sie die Ecke bis zur Linie ab. Hobeln Sie alle vier Ecken, um einen guten achteckigen Stab zu erhalten. Machen Sie einen etwa 1 1/2 Zoll langen Dübel (siehe Seite 11), damit er gut in das Loch passt. Drücken Sie ihn nicht so fest, dass die Pfeife zersplittert. Möglicherweise wird er zuerst in ein gebohrtes 1/2 Zoll großes Loch eingesetzt ein verschwendetes Stück Holz. Hobeln Sie eine Seite dieses Dübels ab, bis eine flache Stelle mit einer Breite von 3/8 Zoll entsteht. Schieben Sie den Dübel in die Pfeife und sägen Sie das gerade Ende der Kerbe etwa 3/16 Zoll tief. Schälen Sie den Rest der Kerbe mit einem Messer oder Meißel ab und testen Sie die Pfeife, indem Sie während des Schälens gelegentlich darauf blasen. Wenn es am besten klingt, kleben Sie den Dübel fest und lassen Sie ihn trocknen, bevor Sie ihn absägen und den schrägen Teil abschneiden. Wenn dies erledigt ist, sägen Sie die Pfeife auf eine Länge von 2 1/2 Zoll. Wenn Sie ein rollendes Geräusch wünschen, legen Sie eine Erbse hinein, bevor Sie den Dübel festkleben.

PFEIL – .

Das alte Sprichwort „Gerade wie ein Pfeil" weist auf die wichtigste Eigenschaft eines Pfeils hin: Er muss gerade sein. Sägen Sie einen 20" × 1/2" großen Streifen von der Kante eines gerade gemaserten Fichtenbretts ab und hobeln Sie ihn gemäß den Anweisungen auf Seite 16. Um die Kerbe für die Sehne zu machen, feilen Sie zuerst eine Kerbe in das kleinere Ende, sägen Sie es dann 1/4 Zoll tief und glätten Sie es mit der gefalteten Kante eines Stücks Sandpapier. Binden Sie das größere Ende fest mit einem eher kleinen, weichen Draht . (Siehe Seite 16.) Taubenfedern sind am einfachsten zu verwenden, da die Federkiele weich und gerade sind. Puten- und Gänsefedern eignen sich gut, und Hühnerfedern reichen aus, wenn sie fast gerade sind. Die Federkiele sollten mit der Spitze eines kleinen gespalten werden , scharfes Messer, die Feder wird auf einem Schneidebrett gehalten. Es werden etwa 3 Zoll Federkiel benötigt. Schneiden Sie die Feder mit einer Schere etwa 5/16 Zoll breit ab, kleben Sie sie dann fest und stecken Sie sie 1 1/4 Zoll vom kleineren Ende des Pfeils entfernt fest. Indianer benutzen drei Federn, aber für einen Jungen reichen zwei. Wenn die Federn angebracht sind, müssen die Enden der Federkiele sehr glatt und fest mit Faden zusammengebunden werden. Beachten Sie die Position der Federn in Tafel 8 : Die *unterste* Feder des Pfeils mit drei Federn wird Hahnenfeder genannt und sollte eine andere Farbe haben als die anderen beiden. Es wird immer vom Bogen *weg auf die Sehne gelegt* .

BOGEN – .

Fast jeder harte Stock, der sich gut biegen lässt, eignet sich als Bogen, aber weiße Esche, wie sie für Hacken- und Rechenstiele verwendet wird, ist wahrscheinlich am besten und am einfachsten zu bekommen. Bei sorgfältiger Verwendung kann ein sprödes Holz wie Hemlocktanne verwendet werden. tatsächlich machen einige Eskimos, die nur trockenes, sprödes Treibholz bekommen können, immer noch einen prächtigen Bogen, indem sie ihn vollständig mit Sehnen umwickeln. Der Bogen sollte kürzer sein als der Bogenschütze. Hobeln Sie jedes Ende verjüngend, zuerst an der Unterseite, dann an den beiden Kanten. Lassen Sie in der Mitte 6 Zoll gerade für einen Griff. Beachten Sie die Form (Platte 8) der drei Stufen beim Hobeln des Bogens. Achten Sie besonders darauf, die zweite Stufe richtig zu machen, da die dritte dann leicht zu erreichen ist. Feilen Sie in der Nähe jeder Kerbe Ende etwas die Form der Schleife auf der Bogensehne. Bevor der Bogen fertiggestellt werden kann, muss er gespannt und ein wenig gezogen werden, um ihn zu testen – um zu sehen, ob beide Enden die gleiche gute Kurve biegen – nicht die Kurve eines Kreises. sondern das der breiten Seite einer Ellipse. Die Enden sollten sich stärker krümmen als die Mitte. Wenn es richtig gebogen ist, glätten Sie es gut mit einer groben Feile oder einem Glas und Sandpapier. Lassen Sie sich nicht dazu verleiten, den Bogen zu weit zu ziehen Brechen Sie ihn; ein Bogen, der sich leicht biegen lässt, neigt weniger dazu, zu brechen als einer, der zu stark ist. Wenn der Bogen gespannt ist, sollte die Mitte des Bogens und der Bogensehne mit Faden oder Farbe markiert werden.

Ein Stück starke Angelschnur ergibt eine gute Bogensehne. Mit der auf Tafel 34 gezeigten Fadenmaschine lässt sich ein guter Faden aus Leinenfaden herstellen . Binden Sie die Knoten wie in Abb. 2 gezeigt .

Abb. 2. – Holzknoten und Palstekknoten

Die Holzkupplung sollte am Bug an Ort und Stelle bleiben und der Palstekknoten sollte am Bogen zurückgleiten, wenn er nicht gespannt ist. Die beste Art, einen Bogen zu spannen, besteht darin, das Ende mit der Holzkupplung auf dem Boden gegen den linken Fuß zu legen, dann mit der linken Hand an der Mitte des Bogens zu ziehen und mit der rechten Hand den oberen Teil zu drücken, um den Bogen zu spannen Schieben Sie diese Hand nach oben, um den Palstekknoten in die obere Kerbe zu schieben. Wenn der Bogen fertig ist, kann er durch gründliches Einreiben mit Fett verbessert werden.

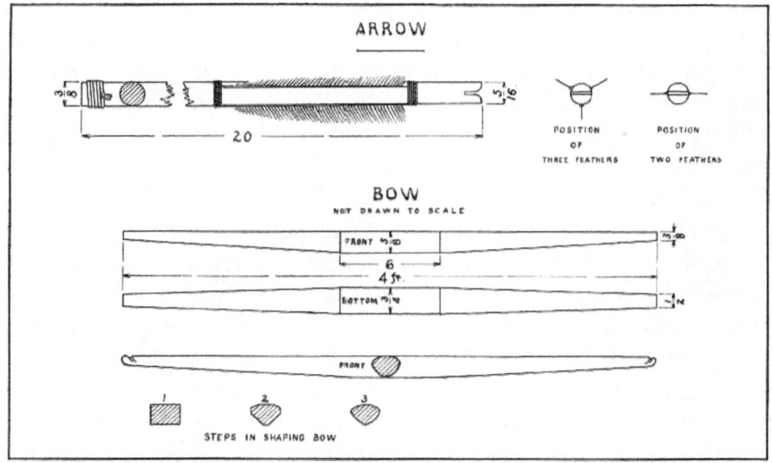

PFEIL UND BOGEN – TAFEL 8

SCHWERT – .

Hobeln Sie die Klinge auf Maß, zeichnen Sie dann auf jeder Seite eine Mittellinie und legen Sie die Kurven für die Spitze und den Griff fest. Formen Sie diese Enden mit dem Ziehmesser, dem Speichenhobel oder dem Blockhobel. Messen Sie nun 5 Zoll für den Griff und zeichnen Sie eine Linie entlang der Mitte jeder Kante, um die Schnittkanten des Schwertes zu markieren. Ein Handwerker würde dies tun, indem er seinen Bleistift über seinem Fingernagel ruht, wie auf Seite 32 beschrieben. Verwenden Sie den Speichenhobel um die vier Ecken abzuschneiden (um das Schwert zu schärfen) und sie mit einem Hobel fertigzustellen. Versuchen Sie, breite, flache Späne zu nehmen, um der Klinge eine gute Diamantform zu verleihen. Dort, wo Klinge und Griff aufeinandertreffen, muss eine gute quadratische Schulter sein Ein Junge kann das vielleicht am besten mit einer breiten, flachen Feile machen, obwohl ein Handwerker eine Stichsäge und einen Meißel verwenden würde.

Sägen Sie den Schutz 5" × 3" × 1/2" aus; zeichnen Sie dann den Diamanten mit einer Länge von 1 1/2" und einer Breite von 1/2". Für einen Jungen ist es nicht einfach, dies auszuschneiden, seien Sie also vorsichtig und achten Sie darauf um das Brett nicht zu spalten. Bohren Sie zuerst kleine Löcher an jedem Ende des Diamanten, dann bohren Sie weitere Löcher, die so groß sind, wie in den Diamanten passen, Platte 9. Mit einem dünnen Meißel gerade durch das Brett auf ein Schneidebrett schneiden. Wenn der Diamant es schafft Passen Sie die Klinge an, zeichnen Sie die Form des Schwertschutzes freihändig und schneiden Sie die Kanten ab, wie für den Summer auf Seite 20 erklärt. Schleifen Sie beide Teile des Schwertes ab und befestigen Sie den Schutz mit Klebstoff und zwei 2-Zoll-Stiften, die von jeder Kante des Schwertschutzes eingetrieben werden in dafür gebohrte Löcher.

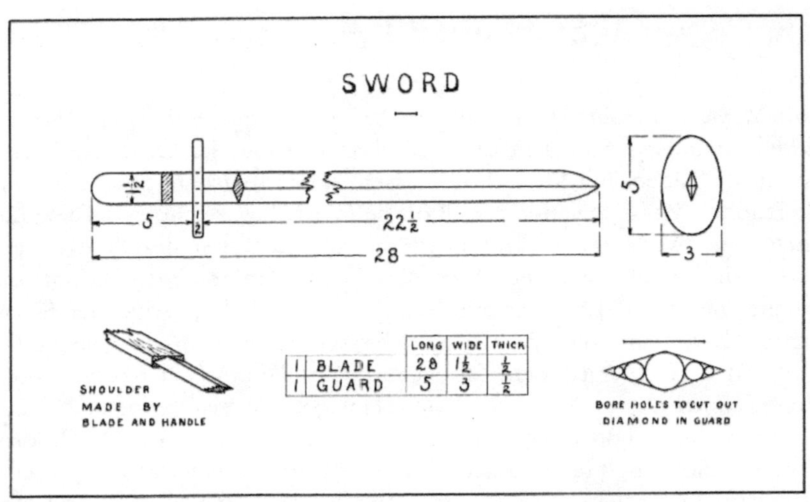

SCHWERT – TafeL 9

MAGIC BOX – <u>TAFEL 10</u> .

Dies ist wirklich eine Zauberkiste für diejenigen, die nicht verstehen, wie es funktioniert. Wer hätte jemals gedacht, dass diese kleinen Leute in ihrem Haus auf und ab hüpfen würden, nur weil ihr Fenster mit einem Stück Leder gerieben wurde? Probieren Sie es aus und sehen Sie, wie aufgeregt sie sind.

Wenn der Arbeiter Glas schneiden kann, fertigen Sie zuerst den Kasten an, andernfalls muss er ein 5-1/2" × 3" großes Stück Glas besorgen und den Kasten so bauen, dass er hineinpasst. Die Herstellung einer guten Schachtel erfordert sorgfältige Arbeit. Stellen Sie daher sicher, dass alle Enden und Kanten quadratisch sind und die entsprechenden Teile die gleiche Größe haben, bevor Sie sie zusammennageln. Hobeln Sie alle solchen kleinen Bretter im Bankhaken. Machen Sie die Enden zuerst 1 Zoll *breit* und so *lang* wie das Glas . Machen Sie die Seiten genauso breit und so lang wie das Glas, *plus* der Dicke der beiden Enden. Kleben und nageln Sie diese an die Enden und achten Sie darauf, dass die Unterkanten bündig sind . Alle Nägel mit einem Nagelset fixieren.

Eine Kante und nur ein Ende des Bodens sollten nun rechtwinklig gehobelt werden, die andere Kante und das andere Ende sollten nach dem Festnageln des Bodens gehobelt werden. Schneiden Sie ein Stück Blech ab, das 1/16 Zoll kleiner als das Glas ist, oder kleben Sie etwas Alufolie auf die Innenseite des Bodens. Wenn Sie Alufolie verwenden möchten, glätten Sie diese vorsichtig mit den Fingern auf einem Stück Papier und verteilen Sie dann etwas Kleber dünn darüber Legen Sie die Alufolie darauf. Die quadratische Kante und das Ende des Bodens müssen zuerst festgenagelt werden, damit sie gut passen, dann die andere Kante und das andere Ende. Schlagen Sie niemals einen Nagel zu nahe an die Ecke des Bodens, damit er nicht anschlägt Die Nägel werden durch die Seiten der Box getrieben. Hobeln Sie nun das Ende und dann die Seite des Bodens, damit sie passen. Wenn Sie Zinn anstelle von Alufolie verwenden, legen Sie es in die Box, nachdem der Boden festgenagelt wurde. Sorgen Sie dafür, dass die beiden Stützen passen Legen Sie die Stützen der Länge nach in den Kasten und gerade breit genug, um die Oberseite des Glases bündig mit den Oberkanten des Kastens zu halten. Um die Stützen zu halten, schlagen Sie Nägel durch die Enden des Kastens hinein.

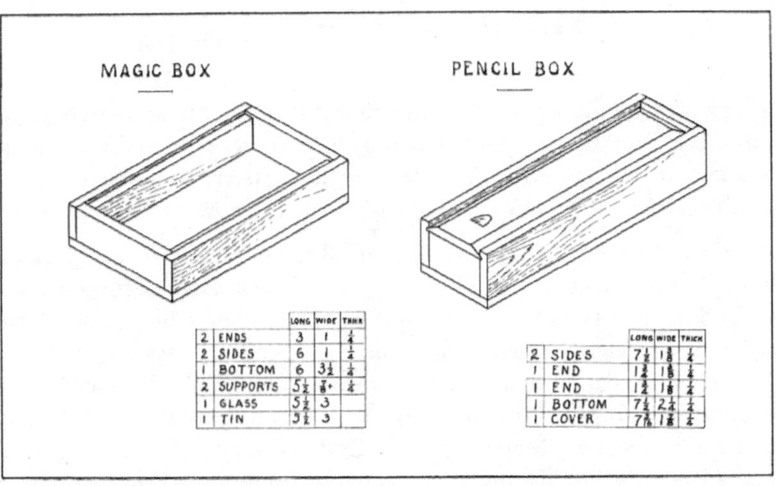

		LONG	WIDE	THICK
2	ENDS	3	1	$\frac{1}{4}$
2	SIDES	6	1	$\frac{1}{4}$
1	BOTTOM	6	$3\frac{1}{2}$	$\frac{1}{4}$
2	SUPPORTS	$5\frac{1}{2}$	$\frac{7}{8}+$	$\frac{1}{4}$
1	GLASS	$5\frac{1}{2}$	3	
1	TIN	$5\frac{1}{2}$	3	

		LONG	WIDE	THICK
2	SIDES	$7\frac{1}{2}$	$1\frac{3}{8}$	$\frac{1}{4}$
1	END	$1\frac{3}{4}$	$1\frac{3}{8}$	$\frac{1}{4}$
1	END	$1\frac{3}{4}$	$1\frac{3}{8}$	$\frac{1}{4}$
1	BOTTOM	$7\frac{1}{2}$	$2\frac{1}{4}$	$\frac{1}{4}$
1	COVER	$7\frac{3}{4}$	$1\frac{7}{8}$	$\frac{1}{4}$

MAGISCHE BOX UND BLEISTIFTBOX – TAFEL 10

Alles an elektrischen Geräten sollte sauber und trocken sein. Da es sich also tatsächlich um einen Elektrokasten handelt, reinigen Sie das Glas und die Dose vor der Verwendung. Geben Sie etwas Holzkohle, Papier, Stroh oder Sägemehl in die Schachtel, lassen Sie sie warm und trocken, reiben Sie das Glas mit einem Stück Leder (Handschuh, Schuh) ab und sehen Sie dann, wie die kleinen Leute hüpfen! Die Erklärung lautet wie folgt: Durch Reiben von Glas mit Leder, Fell, Wolle oder Seide *entsteht* Strom; Diese Elektrizität *zieht* nicht elektrifizierte Körper an und hebt so die kleinen Leute zum Glas; Sobald sie durch die Elektrizität auf dem Glas *aufgeladen werden, werden sie abgestoßen* und auf die Dose geworfen; Die Dose *leitet* ihre Elektrizitätsladung ab und sie sind bereit, ihren Zirkus von vorne zu beginnen.

BLEISTIFT-BOX – PLATTE 10 .

Um diese Schachtel herzustellen, sägen Sie ein langes Stück für die Seiten und Enden aus, 22" × 1-7/8" × 1/4", oder zwei kürzere Stücke, 12" × 1-7/8" × 1/4" . Der Grund dafür, dass sie so lang sind, liegt darin, dass es schwierig ist, die Nut genau bis zum Ende des Bretts zu machen; und sie sind breit genug, um zweimal zu versuchen, die Rille zu erzeugen.

Feilen Sie einen Nagel (etwa 3/32 Zoll im Durchmesser), scharf wie ein Meißel, und treiben Sie ihn fest in ein kleines Loch, das Sie in einen Holzblock gebohrt haben, dessen eine Ecke gefalzt ist, d. h. abgesägt ist, wie in Abb. 3 gezeigt . Die Außenseite des Nagels, gemessen von der Schulter des Falzes, muss genau 1/4 Zoll entfernt sein, sodass die Unterkante der Nut 1/4 Zoll von der Oberkante des Kastens entfernt ist. Üben Sie mit diesem Werkzeug, bis a Eine gute Nut kann in Altholz hergestellt werden, dann machen Sie die Nut entlang einer Kante des Bretts. Wenn alles fertig ist, hobeln Sie das Brett 1-3/8 Zoll breit und sägen es auf die richtige Länge für Seiten und Enden. Am vorderen Ende gibt es keine Nut, also hobeln Sie es von einem gerade gesägten Stück ab. Schleifen Sie die flachen Seiten ab, bevor Sie sie zusammenkleben und festnageln. Bereiten Sie den Boden gemäß den Anweisungen für die Zauberbox vor (Seite 38) , schleifen Sie ihn dann ab, kleben Sie ihn fest und nageln Sie ihn fest. Alle Nägel setzen. Den Boden passend hobeln. Bereiten Sie die Abdeckung etwas zu lang vor, aber genau auf die Breite zwischen den Rillen. Wie bei der Herstellung der Pfeife, Seite 32 , zeichnen Sie auch hier Bleistiftlinien für die 3/8 Zoll breite Abschrägung auf der Abdeckung. Üben Sie zunächst das Hobeln einer Abschrägung auf Altholz. Die Abschrägung am anderen Ende der Abdeckung kann gehobelt werden , indem Sie das halten Legen Sie den Deckel aufrecht in den Schraubstock. Wenn er reibungslos in den Rillen gleitet, sägen Sie ihn auf die richtige Länge zu. Machen Sie für die Kerbe einen tiefen Schnitt mit einer Hohlmeissel und schneiden Sie den Span mit der Messerspitze oder einem kleinen Meißel gerade ab. Halten Sie ihn auf der Werkbank -hook dabei.

Abb. 3

TELEFON – Tafel 11.

In der heutigen Zeit, in der sogar Jungen drahtlose Telegrafie nutzen, mag das Telefon wie ein bescheidenes Telefon erscheinen, aber es ist überraschend gut und sehr einfach herzustellen und zu bedienen. Die Trommel sollte hart und fest sein, die Schnur sollte eine kleine, harte Schnur sein (obwohl die gewöhnliche, mit Paraffin gewachste rosa Schnur ausreicht), und die Schnur sollte nur von der Trommel getragen werden, wenn das Telefon benutzt wird.

Nachdem Sie die acht Seiten vorbereitet haben, beobachten Sie in Tafel 11 die Methode, vier Bretter gleicher Breite zusammenzunageln, um ein Quadrat zu bilden – jedes wird an ein anderes genagelt. Die Enden der Kisten sollten mit Schleifpapier gut abgerundet werden, bevor die Trommel darüber gespannt wird.

Das beste Material für die Trommel ist Rohleder, also die getrocknete Haut eines Tieres. Am besten eignet sich die Haut eines kleinen Tieres wie einer Katze, eines Kaninchens oder eines Waldmurmeltiers. Landjungen werden keine großen Schwierigkeiten haben, an solches Rohleder zu kommen, Stadtjungen hingegen schon. Um die Haare oder das Fell von einer Haut zu entfernen, geben Sie einen Klumpen Limette, so groß wie ein Hühnerei, in eine Schüssel mit Wasser und lassen Sie die Haut darin einweichen, bis sich die Haare leicht abziehen lassen (normalerweise einige Minuten). Waschen Sie dann die Haut gründlich , spannen Sie sie über ein Ende einer Schachtel und heften Sie sie alle 3/8 Zoll mit 2-Unzen-Heftzwecken fest. Wenn sie gründlich getrocknet ist, ist sie „fest wie eine Trommel" und gebrauchsfertig. Eine gute Trommeldose kann auch aus einem alten (angezogenen) Glacéhandschuh oder -schuh hergestellt werden. Ein 10 cm² großes Stück einige Minuten lang in Wasser einweichen und es dann, während es noch nass ist, fest über die Schachtel spannen. Nach dem Trocknen beidseitig mit geschmolzenem Paraffin bestreichen. Befestigen Sie die Kordel einfach mit einem Knoten auf der Innenseite an der Trommel. Wenn gewöhnliche rosa Schnur verwendet wird, treiben Sie das Paraffin mit einem heißen Bügeleisen ein.

Um das Telefon zu benutzen, hält ein Junge an jedem Ende der Leitung seine Box so, dass die Schnur nichts berührt, dann spricht einer in seine Box, während der andere in seiner zuhört. Das Telefon kann von einem Haus zum anderen verlegt werden, wenn die Häuser nicht weiter als mehrere hundert Fuß voneinander entfernt sind und dazwischen ein freier Raum vorhanden ist. Wenn zwei Telefone vorhanden wären, könnte eine Person gleichzeitig sprechen und zuhören.

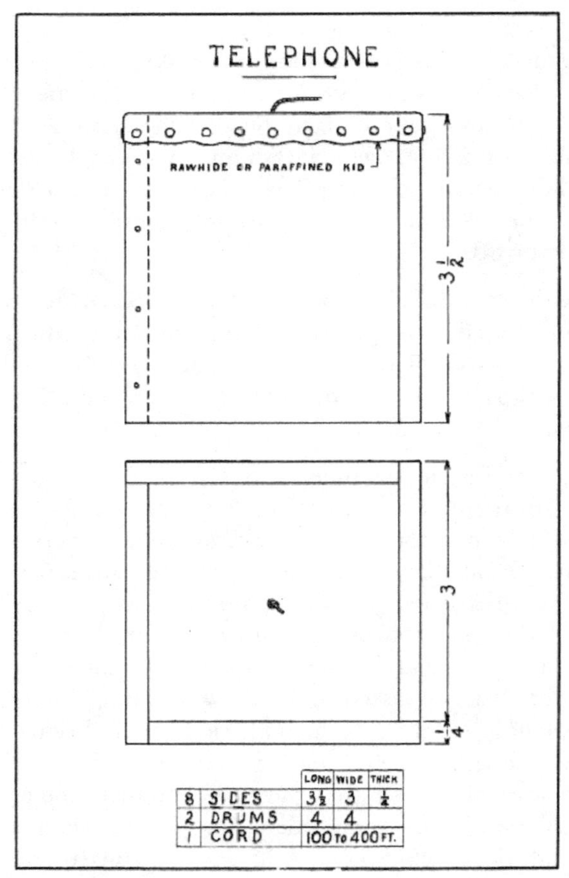

		LONG	WIDE	THICK
8	SIDES	$3\frac{1}{2}$	3	$\frac{1}{2}$
2	DRUMS	4	4	
1	CORD	100 To 400 FT.		

TELEFON – TAFEL 11

HAPPY JACK WINDMILL – <u>TAFEL 12</u>.

An einem windigen Tag wird „Happy Jack" am Wäscheleinenpfosten einen ganzen Zirkus auslösen. Wenn er in leuchtenden Farben bemalt werden kann, umso besser, ansonsten sollte er mit Buntstiften verziert werden.

Der Körper wird auf ein Brett mit den Maßen 9" × 2" × 1/2" gezeichnet, indem alle Figuren vom Hut abwärts gemessen werden und an diesen Punkten rechtwinklige Linien über das Brett gezogen werden; zeichnen Sie außerdem eine Mittellinie vom Kopf bis zum Kopf Ferse. Die Zehen und der Hutrand spalten sich leicht, seien Sie also vorsichtig mit diesen Teilen. Wenn Sie keine Dekupiersäge zur Hand haben, sägen Sie alle 3/8 Zoll mit der Rücksäge gerade von der Kante des Bretts bis zum Umriss des Bretts Körper; Schneiden Sie diese kleinen Stücke dann mit einem Messer oder Meißel ab. Die Kurven am Hals werden am besten vor dem Sägen mit einem Bohrer Nr. 6 bearbeitet. Die Rundungen können mit einer Halbrundfeile oder Schleifpapier bearbeitet werden. Seien Sie beim Bohren des Lochs an den Beinen und über die Schultern sehr vorsichtig. Wenn ein Loch schief beginnt, kleben Sie einen Dübel aus demselben Holz ein (siehe <u>Dübel</u>, <u>Seite 11</u>), lassen Sie ihn trocknen und versuchen Sie es dann erneut. Verwenden Sie ein Haarlineal als Führung, wie bei der Pfeife, Seite 32. Ein Gebiss Nr. 3 wird durch die Schultern geführt und ein Gebiss Nr. 4 an den Beinen. Um die Arme herzustellen, verwenden Sie einen 1/2-Zoll-Hartholzdübel mit einer Länge von 6 Zoll. Bohren Sie 1/4-Zoll-Löcher für die Flügel 1/2 Zoll auf jeder Seite der Mitte des Dübels und feilen Sie die Handgelenke, bevor Sie ihn in zwei Teile sägen. Runden Sie die Enden etwas mit Schleifpapier ab. Glätten Sie den 4-Zoll-Draht, der durch die Schultern verläuft, so weit, dass er sich nicht in den Armen dreht. Bohren Sie Löcher in die Arme, um den Draht festzuhalten. Um die dünnen Flügel am breiten Ende zu hobeln, verwenden Sie das unten auf der <u>Seite erwähnte Brett 19.</u> Denken Sie beim Kleben und Nageln der Flügel in den Armen daran, dass einer flach und der andere fast hochkant liegt. Denken Sie auch daran, sie auszubalancieren. Bohren Sie ein 3/16-Zoll-Loch in die Mitte der Basis und kleben Sie den Dübel hinein. Bevor Sie versuchen, „Happy Jack" an einem Pfosten zu befestigen, bohren Sie Löcher in die Basis für Nägel oder Schrauben.

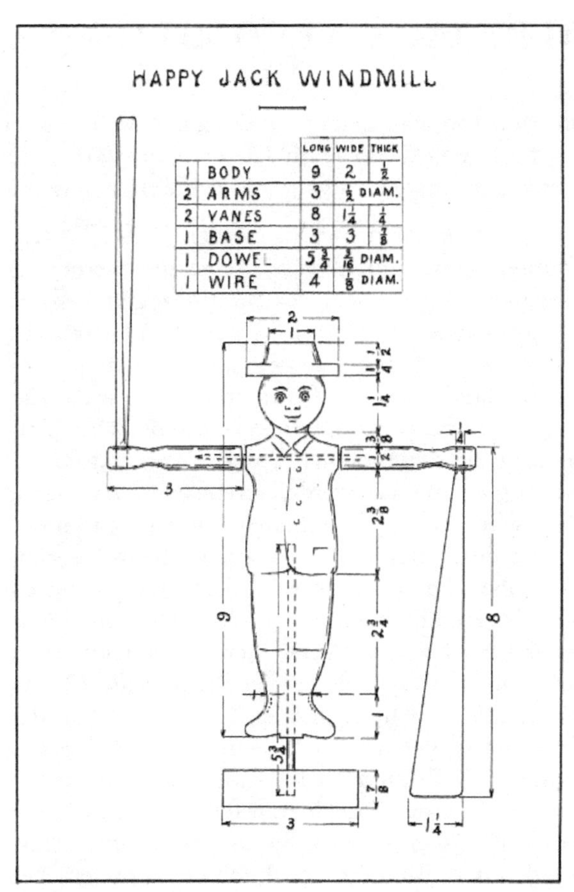

		LONG	WIDE	THICK
1	BODY	9	2	$\frac{1}{2}$
2	ARMS	3	$\frac{1}{2}$ DIAM.	
2	VANES	8	$1\frac{1}{4}$	$\frac{1}{4}$
1	BASE	3	3	$\frac{7}{8}$
1	DOWEL	$5\frac{3}{4}$	$\frac{3}{16}$ DIAM.	
1	WIRE	4	$\frac{1}{8}$ DIAM.	

HAPPY JACK WINDMILL – TAFEL 12

GLOUCESTER „HAPPY JACK" WINDMÜHLE – Tafel 13 .

Dieser „Happy Jack" ist die Art, die an der Küste Neuenglands häufig vorkommt. Er ist oft mit blau-weißer Uniform und schwarzen Schuhen bemalt, während die Paddel unbemalt bleiben.

Die Zeichnung ist auf Quadraten erstellt, so dass sie problemlos auf jede beliebige Größe vergrößert werden kann. Behalten Sie die gleiche *Anzahl* an Quadraten bei, aber machen Sie sie in der gewünschten Größe; 3/4" ist eine gute Größe. Da der Hut getrennt vom Körper gefertigt wird, sollte er nicht auf demselben Brett gezeichnet werden.

Um den Hut ohne Drehbank herzustellen, fertigen Sie zwei Räder aus Weichholz, runden Sie eine Kante des größeren ab und kleben und nageln Sie das kleinere darauf. Sägen Sie den Kopf schräg, um eine flache Stelle für den Hut zu schaffen, wie in der Seitenansicht des Hutes, Tafel 13, gezeigt . Der Raum zwischen den Beinen sollte mit einer Drechsel- oder Stichsäge ausgeschnitten werden, er kann jedoch wie die Raute im Schwertschutz ausgearbeitet werden, Tafel 9 . Der „Happy Jack" sollte auf einem großen Walzdraht montiert werden.

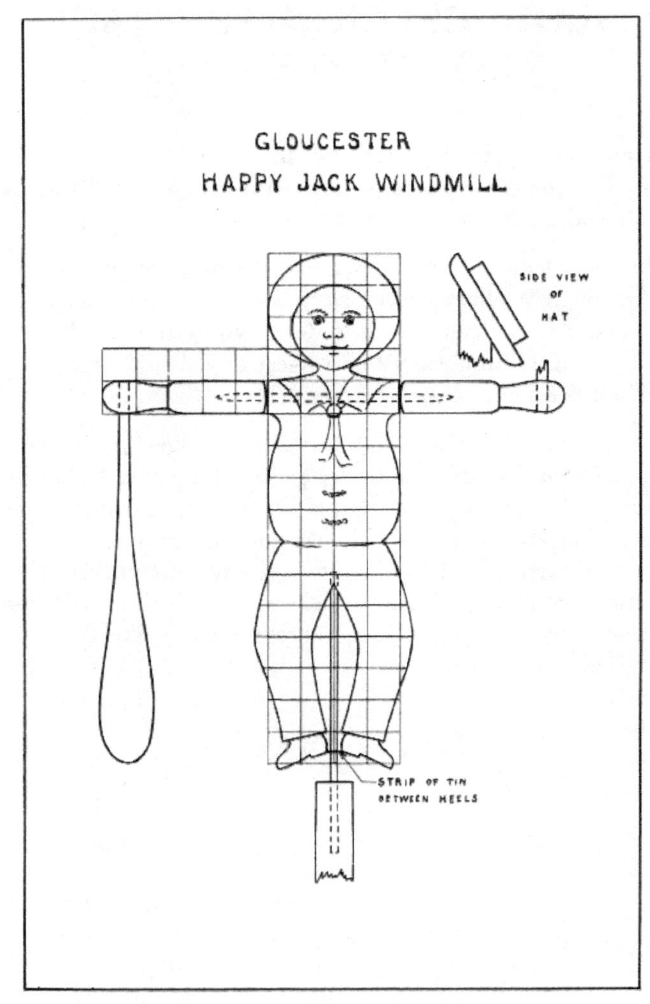

GLOUCESTER HAPPY JACK WINDMILL – TAFEL 13

PADDELENDE INDISCHE WINDMÜHLE
— TAFEL 14 .

Gestalten Sie diese Windmühle in jeder gewünschten Größe und verwenden Sie dabei die gleiche Anzahl an Quadraten in der Zeichnung, um die Proportionen beizubehalten. Das Heck des Kanus sollte so dünn gehobelt sein, dass die fertige Windmühle fast oder ganz auf dem aufrechten Drahtstab balanciert. Die Arme sollten wie beim „Happy Jack" gemacht sein und von der Mitte der Schulter bis zur obersten Feder reichen. Wenn das Kanu nicht zu breit ist, kann der Indianer mit zwei Nägeln festgenagelt werden, wie in Tafel 14 gezeigt , andernfalls schlagen Sie kleinere Nägel schräg durch den Rücken in das Kanu; Bohren Sie in jedem Fall Löcher. Nachdem das Loch durch die Schultern gebohrt wurde, bestimmen Sie mit einem Winkelmesser , wo das Loch durch das Kanu beginnen soll, sodass es vor dem ersteren liegt.

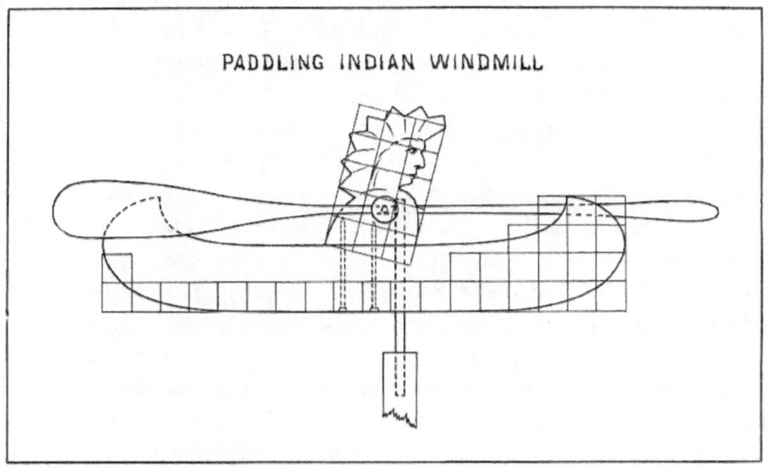

PADDELENDE INDISCHE WINDMÜHLE – TAFEL 14

Drachenfliegen ist ein so faszinierender Sport, dass die drei hier vorgestellten typischen Drachen Lust darauf machen, andere zu bauen, die größer und anders geformt sind. [2] Drachen wurden groß genug gemacht, um einen Mann hoch in die Luft zu tragen. Die Anpassungen eines Drachens sind so subtil, dass manchmal viel Geduld erforderlich ist, um ihn zum Fliegen zu bringen. Aus diesem Grund wird für den mit Papier überzogenen Drachen mit Schwanz die eher aufwändige Trense empfohlen. Der Aufenthalt in der Werkstatt wird zwar etwas länger dauern, aber im Freien wird Zeit gespart.

[2] Viele Vorschläge finden sich in „The Construction and Flying of Kites" von Charles M. Miller, Preis 20 Cent, Manual Arts Press, Peoria, Ill.

Um den Rücken und die Querstrebe herzustellen, sägen Sie einen 1/4-Zoll-Streifen von der Kante eines 7/8-Zoll-Fichtenbretts mit gerader Maserung und einer Länge von 3 Fuß ab. Dann sägen Sie diesen Streifen noch einmal der Länge nach und hobeln Sie die beiden Stücke 3 Fuß × 3/8" × 1/4". Markieren Sie die Mitte des Querstücks und einen Punkt 8 Zoll von der Oberseite des Rückens entfernt und hobeln Sie jedes Ende dünner auf 3/16 Zoll. Sägen Sie in jedes Ende einen 3/16 Zoll tiefen Schlitz, <u>Platte 15.</u> Kleben Sie die Mitte des Querstücks fest und binden Sie sie fest an den 8 Zoll langen Punkt des Rückens. Beachten Sie, dass die letzten Stränge *um* die anderen herum verlaufen. Testen Sie die Stöcke, um festzustellen, ob sie rechtwinklig zueinander sind. Dies kann durch Messen von einem Ende des Rückens bis zu jedem Ende des Querträgers erfolgen. Legen Sie eine Schnur, die sich nicht um die Enden der Stäbchen spannen lässt, in die Schlitze und binden Sie sie fest. Binden Sie diese Schnur so in jeden Schlitz, dass sie nicht verrutscht, und wickeln Sie gleichzeitig die Stäbchen so auf, dass sie nicht über den Schlitz hinaus splittern. Dabei muss man noch einmal von jedem Ende der Wirbelsäule bis zu den Enden der Querstrebe messen, damit die beiden Drachenhälften gleich sind.

Decken Sie den Drachen mit starkem, leichtem Papier ab. Kleben Sie das Papier auf die Stäbchen und falten Sie es 1/2 Zoll über die Schnur. Versuchen Sie, die Schnur in der Falte zu platzieren. Verstärken Sie die Ecken mit einem weiteren 2 Zoll breiten Stück Papier.

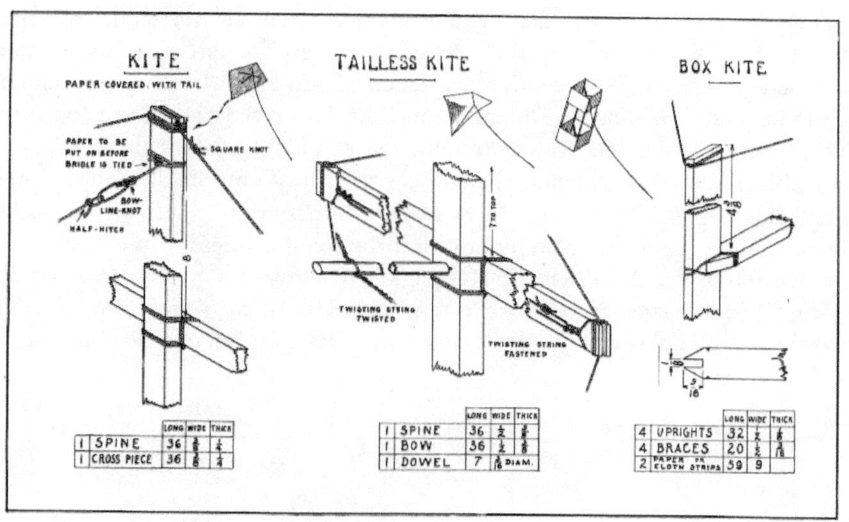

		LONG	WIDE	THICK
1	SPINE	36		
1	CROSS PIECE	36		

		LONG	WIDE	THICK
1	SPINE	36		
1	BOW	36		
1	DOWEL	7		DIAM.

		LONG	WIDE	THICK
4	UPRIGHTS	32		
4	BRACES	20		
2	PAPER OR CLOTH STRIPS	59	9	

Drachen, Schwanzloser Drachen und Kastendrachen – TAFEL 15

Um ein verstellbares Zaumzeug herzustellen, wickeln Sie eine Kordel zweimal um den Rücken oben und binden Sie sie an der Vorderseite fest, wobei der Knoten in der Mitte bleibt. Natürlich müssen kleine Löcher in das Papier gebohrt werden. Schneiden Sie die Kordel etwa 5 cm lang ab und machen Sie einen Palstek-Knoten, Abb. 2 , S. 34. Messen Sie am Querstück 25 cm von der Mitte und entlang des Rückens 30 cm vom Querstück entfernt und machen Sie drei weitere solcher Knoten. Verdoppeln Sie zwei Schnüre, etwa 40 Zoll lang, und binden Sie sie zu einem großen Knoten, dem sogenannten Flugknoten, um eine etwa 1 Zoll lange Schlaufe zu bilden, an der Sie die Ankerleine befestigen können. Markieren Sie einen Punkt auf dem Rücken 10 Zoll unter dem Querstück. Halten Sie den Flugknoten hier fest und befestigen Sie zwei Schnüre mit zwei oder drei halben Schlägen an den Schlaufen am Querstück, Tafel 15 . Bringen Sie nun den Flugknoten 2 Zoll über die Querstrebe und so weit aus dem Drachen heraus, dass diese beiden Schnüre gespannt sind. Befestigen Sie eine weitere Schnur an der Schlaufe am oberen Teil des Rückgrats. Stellen Sie die verbleibende Schnur genauso straff ein wie die anderen.

Ein flacher Drachen wie dieser braucht immer einen Schwanz, und der lästigste Schwanz, der jemals hergestellt wurde, ist die bekannte Art aus Papier und Schnur. Um einen bequemen, brauchbaren und leicht herzustellenden Schwanz herzustellen, verwenden Sie 7,6 cm breite Streifen aus Wimpelkette, Käsetuch oder einem anderen weichen, leichten Tuch.

Bei starkem Wind ist ein längeres Heck erforderlich als bei leichtem Wind. Wenn der Drachen zu instabil erscheint, ziehen Sie ihn nach unten und versuchen Sie, die Waage oder das Heck anzupassen, bevor es zu einem Unfall kommt. Wenn der Drachen abtaucht, lassen Sie die Schnur los, kurz bevor der Drachen den Boden erreicht, damit er nicht so stark auf den Boden aufschlägt, dass der Drachen zerschmettert wird. Wenn Sie die Saite schnell herauslassen, schützen Sie Ihre Hand immer mit einem Tuch oder Handschuh, damit die Saite nicht durch die Haut schneidet. Wenn Zweifel an der Stärke der Ankerleine bestehen, können zwei Jungen sie sehr schnell etwa 30 Meter lang auf einmal testen, während sie ausgelassen wird; Man möchte nicht, dass die Saite reißt, wenn der Drachen hoch in der Luft ist.

Schwanzloser Drachen – TAFEL 15.

Wenn man einen Drachen zwischen vielen Hindernissen aus Bäumen, Drähten und Häusern fliegen lassen muss, wird man den Vorteil eines Drachens ohne Schwanz zu schätzen wissen. Ein solcher Drachen muss allerdings genauer gefertigt werden und sollte mit Stoff bespannt werden.

Feilen Sie beim Anfertigen des Bogens in der Nähe des Schlitzes an jedem Ende auf die gleiche Weise wie beim Bogen, Platte 8 , Kerben , in denen später die Drehsehne befestigt wird. Befestigen Sie die Mitte des Bogens an einem Punkt 7 Zoll von der Oberseite des Rückgrats entfernt. Legen Sie in die Schlitze die Kordel ein, die um den Drachen verläuft, und messen Sie sorgfältig ab, damit die beiden Seiten die gleiche Größe haben. Nähen Sie ein Stück farbigen Batist darüber Drachen. Binden Sie die Mitte einer starken Schnur von 6 1/2 Fuß Länge mit drei halben Schlägen an die gefeilte Kerbe an einem Ende des Bogens, wie in Tafel 15 gezeigt . Führen Sie einen Teil dieser Schnur um die andere Kerbe und Befestigen Sie es auf die gleiche Weise. Binden Sie dann die beiden Enden mit einem quadratischen Knoten zusammen. Machen Sie den Dübel zum Verdrehen der beiden Schnüre auf der Rückseite des Bogens, um den Bogen wie gewünscht zu biegen. In ein Ende des Dübels treiben Sie ein kleines Stück ein Befestigen Sie den Bogen und feilen Sie ihn scharf. Wie stark der Bogen gebogen werden muss, kann nur durch Ausprobieren des Drachens bestimmt werden. Wenn sich der Bogen biegt, wird das Tuch lockerer, und es ist diese Lockerheit des Tuchs, die den Wind so festhält, dass der Drachen ohne fliegen kann einen Schwanz. Nachdem Sie die Schnüre weit genug verdreht haben, schieben Sie sie zum Ende des Dübels, weg vom Sporn, und legen Sie den Sporn auf der Rückseite der Wirbelsäule ab.

Binden Sie für das Zaumzeug eine Schnur um das obere und untere Ende des Rückens. Der Flugknoten sollte bis zum Ende des Bogens reichen; Oder einige binden das untere Ende des Zaumzeugs etwa 14 Zoll vom unteren Ende des Rückens entfernt und machen den Flugknoten etwa 9 Zoll vorn und 2 Zoll über dem Bug.

Bei einem Sturm, der für andere Drachen zu stark ist, fliegt ein Kastendrachen sicher. Die Waage lässt sich sehr leicht verstellen und der Drachen ist zwar etwas aufwändiger als die anderen, aber nicht schwer herzustellen. Dünne Stäbchen wie diese können aus der Kante eines geradfaserigen Bretts gesägt werden. Eine einfache Möglichkeit, die Kerben in den Enden der Streben herzustellen, besteht darin, sie alle auf einmal in den Schraubstock zu spannen, die Flächen flach aufeinander zu legen und sie dann mit einer Rücksäge auszusägen. Diese Methode setzt voraus, dass die Pfosten alle gleich dick gehobelt werden. Wenn sie ungleich dick sind, sägen Sie die Kerben so breit wie der dünnste Pfosten und schneiden Sie die anderen jeweils so zu, dass sie in den richtigen Pfosten passen. Bei jeder Konstruktion wie dieser, bei der mehrere Teile zusammenpassen, ist es gut, die angrenzenden Teile zu nummerieren, damit sie jedes an seiner Stelle wieder zusammengefügt werden können. An den vier Kanten der Streben, an denen die Zurrschnur befestigt werden soll, werden mit einem Messer kleine Kerben eingeschnitten. Wenn alle Stäbe zusammengefügt sind, kleben Sie die Streben 4-3/8 Zoll von den Enden entfernt an die Pfosten; so entstehen zwei Rahmen, die genau gleich sind. Die Verzurrung erfolgt mit einem großen Faden. Beginnen Sie dann mit zwei Windungen um die Strebe Einmal um den Pfosten, dann einmal um die Strebe, dann noch einmal um den Pfosten und so weiter. Die letzten Windungen sollten um die Strebe herum erfolgen. Achten Sie darauf, dass der Faden von der Strebe zum Pfosten so verläuft, wie es für den Halt am günstigsten ist. Wenn die gesamte Verzurrung fertig ist, messen Sie die Mitte jeder Strebe. Stecken Sie einen Rahmen durch den anderen und treiben Sie einen Stift durch die beiden Mitten. Jetzt müssen die Rahmen mit einem starken Faden auf ein 14-1/2-Zoll-Quadrat gebracht werden . Nahe der Oberseite eines Pfostens binden Sie einen 6 Fuß langen Faden zusammen und lassen ein kurzes Ende übrig. Wickeln Sie einfach das lange Ende zweimal um jeden Pfosten und binden Sie das Ende mit einem Schleifenknoten zusammen, bis alle Seiten des Quadrats gemessen und angepasst werden können. Wenn alle Seiten gleich sind, machen Sie aus dem Schleifenknoten einen quadratischen Knoten. Wickeln Sie etwas Faden um jeden Pfosten, außer um den ersten, und zwar so, dass der lange Faden sicher festgehalten wird. Passen Sie nun das andere Ende des Drachens auf die gleiche Weise an. Messen Sie 8-3/4 Zoll von den Enden jedes Pfostens und legen Sie weitere Fäden um das Quadrat. Diese können an jedem Pfosten nach dem ersten mit drei halben Schlägen befestigt werden.

Der Drachen kann entweder mit Stoff oder Papier bedeckt sein. Wenn Stoff verwendet wird, sollten die Kanten gesäumt werden. Wenn es sich um Papier handelt, legen Sie es auf den Boden, tragen Sie Kleber auf jeden Pfosten auf und drücken Sie das Papier dann an einen Pfosten. Wickeln Sie das Papier mehrmals um den Drachen und wickeln Sie die Schnur darum, um ihn festzuhalten, während Sie jede Ecke anpassen und drücken. Als nächstes kleben Sie die Enden des Papiers fest und ziehen Sie sie so fest wie möglich zusammen. Zwei Glätteisen halten die Enden beim Trocknen fest. Nachdem das Papier aufgeklebt ist, sollten die Ränder mit einem schmalen, darauf aufgeklebten Stoffband verstärkt werden.

Binden Sie die Zaumschnüre direkt über und unter der oberen Zelle und machen Sie den Flugknoten 5 Zoll vor dem Ende der Strebe.

SEGELBOOT MIT KITE-STRING – Tafel 16 .

Um Nachrichten an seinen Drachen zu senden, hat so mancher Junge ein Loch in ein Stück Papier gemacht und zugesehen, wie dieser an seiner Ankerleine hochsegelte. Dieses Segelboot wird das und noch andere Dinge tun und dann wieder herunterkommen, um eine weitere Nachricht aufzunehmen. Ein Fallschirm aus einer Papierserviette mit einem 12-Zoll-Faden in jeder Ecke und einem Nagel als Ballast, der an der Stelle befestigt ist, an der die vier Fäden miteinander verknotet sind, kann von diesem Boten hochgeschickt, losgelassen und von einem großen Himmel herabschweben gelassen werden Höhe. Papiergleiter, die auf diese Weise nach oben geschickt werden, werden viele „Stunts" ausführen, bevor sie den Boden erreichen. Falten Sie eine dünne Papierserviette so, dass ein Bündel Konfetti mit einer Nadel durch nur drei oder vier Dicken der Serviette gehalten werden kann. Das kann Sie werden an den Kiel gebunden und der Stift wird durch das Lösen und Fallen eines Nagels herausgezogen, und siehe da, ein Konfettiregen! Stellen Sie sicher, dass der fallende Nagel dort, wo er aufschlägt, keinen Schaden anrichtet.

Ein leichtes, zerbrechliches Modell wie dieses erfordert viel Zeit und Geduld, um es herzustellen und anzupassen, damit es funktioniert. Machen Sie den Rumpf und die Pfosten aus einem etwa 13 Zoll langen Stock. Bohren Sie die 3/16 Zoll großen Löcher für den Mast und den Kiel, ersteres etwas links (Backbord, würde ein Seemann sagen) von der Mitte und 2 1/2 " vom Bug, letzteres in der Mitte 2" vom Heck. Machen Sie die Räder der Spulenenden, indem Sie sie genau dort absägen, wo der gerade Teil beginnt, und sie auf einem harten Dübel zusammenkleben . Finden Sie sehr genau ihre Mitten und bohren Sie Löcher für 1-Zoll-Brads, die ihre Achsen bilden. Schlagen Sie diese in den Pfosten ein, damit die Räder sehr frei laufen. Nageln Sie die Pfosten erst am Rumpf fest, wenn die Drahtteile angebracht sind. Machen Sie drei Heften Sie die Stifte zusammen und treiben Sie sie in den Boden des Rumpfes, so dass ein feiner Draht leicht durch sie hindurchgleiten kann. Drei werden verwendet, damit der Draht immer gerade gehalten wird. Als nächstes machen Sie die beiden Ösen, die die Drachenschnur unter dem Rumpf halten Räder. Etwa anderthalb Windungen aufgewickelt, müssen die Windungen so weit voneinander entfernt sein, dass die Schnur dazwischen gleiten kann. Die Sicherheit des Modells, das heftig hoch in der Luft schwingt, hängt von diesen Augen ab. Sie können durch kleine, enge Löcher getrieben werden und an der Unterseite gebogen , um sie zu sichern. Sie müssen gerade hoch genug sein, damit die Schnur frei laufen kann. Die vordere ist verlängert, weil die Drachenschnur so stark nach oben geneigt ist. Biegen Sie den 4-Zoll-Drahtauslöser dreimal um a Der Einfachheit halber wird der Nagel in ein Stück Holz getrieben. Um den Draht bei solchen

Arbeiten problemlos handhaben zu können, sind zwei Zangen nützlich. Ich habe im Bug eine Kerbe gesehen, die gerade breit genug für diese Spule war. Kleben und nageln Sie nun die Pfosten fest.

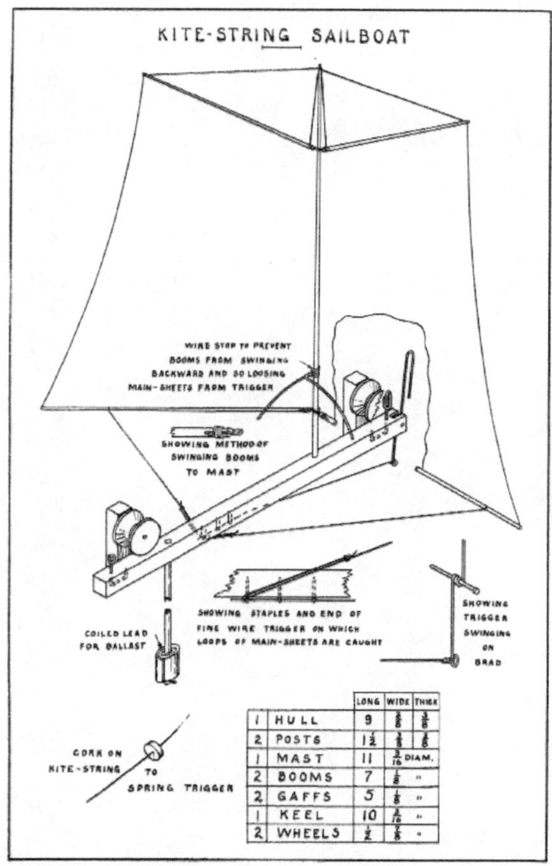

		LONG	WIDE	THICK
1	HULL	9	$\frac{5}{8}$	$\frac{3}{16}$
2	POSTS	$1\frac{1}{2}$	$\frac{3}{8}$	$\frac{1}{8}$
1	MAST	11	$\frac{3}{16}$ DIAM.	
2	BOOMS	7	$\frac{1}{8}$ "	
2	GAFFS	5	$\frac{1}{8}$ "	
1	KEEL	10	$\frac{3}{16}$ "	
2	WHEELS	$\frac{1}{2}$	$\frac{7}{8}$ "	

SEGELBOOT MIT KITESTRING – TAFEL 16

Machen Sie den Mast, eigentlich alle Holme, am äußeren Ende kleiner. Richten Sie es vollständig auf, bevor Sie den Mast festkleben. Stellen Sie sicher, dass die Ausleger *über das Vorderrad* schwenken , um dessen Leichtgängigkeit nicht zu beeinträchtigen. Die Segel sollten aus leichtem Stoff sein. Die Ausleger und Gaffeln (Bezeichnungen der Teile siehe Tafel 30) müssen frei am Mast schwingen, sodass sie beim Loslassen des Abzugs zusammenklappen. Verwenden Sie für die Großschoten einen mit einer langen Schlaufe zusammengebundenen Faden, der über den feinen Drahtteil des Auslösers geschoben wird. Ein Korken mit einem Durchmesser von 1-1/4 Zoll, der in der Mitte geschlitzt ist, kann weit genug vom Drachen entfernt auf die Drachenschnur gesteckt werden, damit er sich nicht verheddert. Befestigen Sie auf dem Kiel ausreichend Ballast (etwa 1 Unze). Lassen Sie das Segelboot aufrecht fahren.

DAS HYGROSKOP ODER WETTERHÜTTE

Dieses Modell dient zur Anzeige der Luftfeuchtigkeit (Feuchtigkeit) der Luft. Es besteht aus Haus, Drehscheibe und Figuren, wobei die Drehscheibe an einer Geigensaite aufgehängt ist. Die Geigensaite nimmt Feuchtigkeit aus der Luft auf und entdreht sich, wodurch der Mann herauskommt; Wenn die Luft trocken wird, spannt sich die Schnur fester, wodurch die Frau herauskommt. Das Modell sollte im Freien aufgestellt werden , aber weder Regen noch Sonne ausgesetzt werden.

Die Bögen der Türöffnungen können mit einem großen Bohrer (1-3/8 Zoll) oder einer Dekupiersäge hergestellt werden. Wenn ein Bohrer verwendet wird, bohren Sie zuerst ein Loch für den Sporn, damit er nicht das Brett spaltet. Halten Sie beim Bohren das Brett fest vertikal im Schraubstock. Der zwischen den Türöffnungen abgeschnittene Teil kann mit der Spitze der Rücksäge abgesägt werden, wenn das Brett flach auf den Bankhaken gelegt wird. Auch die schrägen Linien oben können gesägt werden, während man sie gedrückt hält auf den Bankhaken. Nachdem die Vorder-, Rückseite und Seiten fertig sind, nageln Sie die Rückseite an die Seiten, aber schrauben Sie die Vorderseite fest. Wenn dies erledigt ist, legen Sie das Haus in aufrechter Position in den Schraubstock und hobeln Sie die Oberseiten der Seiten schräg. Beachten Sie, dass ein Dach breiter ist als das andere. Nageln Sie zuerst das schmalere Dach, wobei die Maserung von vorne nach hinten verläuft. Schlagen Sie die Nägel nicht in die Vorderseite, sondern nageln Sie es hinten und an der Seite fest. Lassen Sie den Hobel auf dem Dach ruhen Hobeln Sie auf der anderen Seite des Hauses die Oberkante dieses Dachs schräg, damit das andere Dach passt. Nageln Sie es fest, setzen Sie alle Nägel ein und hobeln Sie die Oberkante dieses Dachs schräg, wobei Sie den Hobel auf dem ersten Dach ruhen lassen . Nun können zwei Nägel nahe der Mitte der Firststange eingeschlagen werden, um die Dächer zusammenzuhalten. Nachdem Sie den Boden erstellt haben, platzieren Sie das Haus darauf (1/4 Zoll von der Rückseite, 1/2 Zoll von den Enden) und ziehen Sie eine Linie um das Haus. Entferne das Haus; Schlagen Sie drei Nägel direkt durch den Boden. Ziehen Sie sie heraus und stecken Sie sie von der Unterseite in die gleichen Löcher. Dann bauen Sie das Haus wieder auf und treiben die Stifte nach Hause. Bringen Sie weitere Nägel an, um das Haus sicher zu halten.

Um den Schornstein herzustellen, sägen Sie eine 3/16 Zoll tiefe Kerbe in das Ende eines 3/4 Zoll großen Vierkantstabs. Wenn es auf das Dach passt, bohren Sie ein 5/16-Zoll-Loch durch die Mitte und sägen Sie den Schornstein mit einer Länge von 3/4 Zoll ab. Kleben Sie es 3/8 Zoll vom vorderen Ende des Dachs entfernt. Wenn es trocken ist, bohren Sie das Loch durch das Dach. Die Oberseite des Schornsteins mit dem daran befestigten Dübel ist drehbar, damit das Hygroskop eingestellt werden kann. So bauen Sie den Schornstein Bohren Sie oben ein 1/4-Zoll-Loch in das Ende eines 1/2-Zoll-Dübels, sägen Sie es dann 1/2-Zoll ab und kleben Sie den oberen Dübel ein. Machen Sie den Drehteller an beiden Enden etwas rund. Kleben und nageln Sie in der Mitte den unteren Dübel fest. Als nächstes streichen Sie das Haus, falls gewünscht. Die Geigensaite wird festgeklebt und in Löcher in den oberen und unteren Dübeln eingeklemmt, so dass der Plattenteller 3/16 Zoll über dem Boden schwingt.

Der Mann und die Frau können aus Pappe, Holz, Ton, Kreide oder Gips bestehen; oder sie können in einem Spielzeugladen gekauft werden. In hellen Farben bemalt und geschält oder lackiert, sehen sie gut aus. Sie können durch Hinzufügen eines Stücks Blei zum Gleichgewicht auf dem Plattenteller gebracht werden. Natürlich dürfen weder sie noch die Drehscheibe beim Schwenken irgendeinen Teil des Hauses berühren.

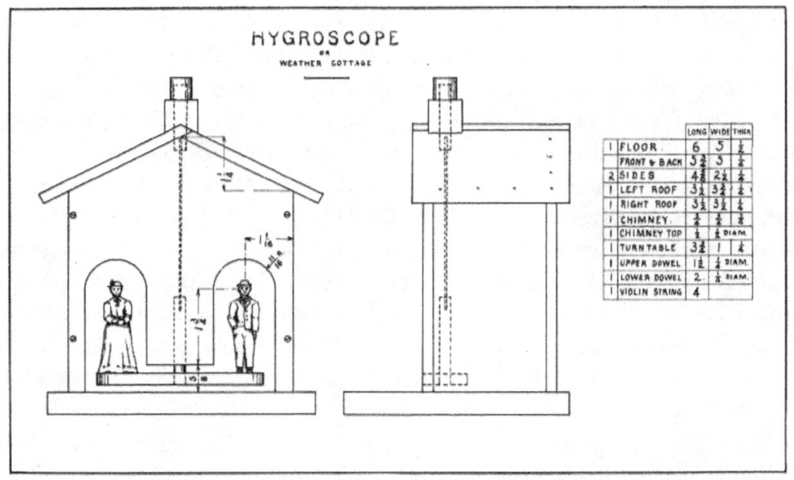

		LONG	WIDE	THICK
1	FLOOR	6	5	½
1	FRONT & BACK	5½	3	¼
2	SIDES	4¾	2½	¼
1	LEFT ROOF	3½	3¾	¼
1	RIGHT ROOF	3½	3½	¼
1	CHIMNEY	¾	¾	⅜
1	CHIMNEY TOP	½	½ DIAM.	
1	TURN TABLE	3¾	1	¼
1	UPPER DOWEL	1½	½ DIAM.	
1	LOWER DOWEL	2.	½ DIAM.	
1	VIOLIN STRING	4		

HYGROSKOP ODER WETTERHÜTTE – TAFEL 17

ELEKTROPHOR – <u>PLATTE 18</u>.

Der Elektrophorus besteht aus zwei Teilen, einer mit einer Harzmischung gefüllten Pfanne und einem Deckel, der vollständig mit Alufolie bedeckt ist. Unter günstigen Bedingungen kann aus diesem Elektrophor ein 1/2 Zoll langer Funke Elektrizität erzeugt werden. Die günstigen Bedingungen sind folgende: Die Luft sollte trocken sein; beide Teile des Elektrophors sollten warm, trocken und sauber sein; und die Alufolie und Das Kolophonium sollte vollkommen flach sein, damit es eng aneinander anliegt.

Fertigen Sie die Pfanne und ihre Seiten wie in <u>Tafel 18 gezeigt an</u>. Kleben und nageln Sie die Seiten fest und runden Sie die oberen Kanten gut mit Schleifpapier ab. Um die Harzmischung herzustellen, schmelzen Sie eine halbe Teetasse Kolophonium mit zwei Teelöffeln Terpentin und etwa der gleichen Menge Paraffin in einer ziemlich tiefen Schüssel und gießen Sie die Mischung in die Pfanne. Da alle diese Materialien brennbar sind, ist der Ofen vielleicht der sicherste Ort zum Schmelzen. Nachdem die Pfanne abgekühlt ist, testen Sie die Oberfläche des Kolophoniums, um sicherzustellen, dass es überall flach ist. Wenn es nicht eben ist, schleifen Sie die hohen Teile langsam mit grobem Schleifpapier ab.

Beachten Sie beim Anfertigen der Abdeckung die Anweisungen auf <u>Seite 20</u> und runden Sie dann die Kante auf einen guten Halbkreis ab. Testen Sie auch die Abdeckung, um sicherzustellen, dass sie flach ist, insbesondere auf der Unterseite , denn um gute Funken zu erzeugen, müssen Alufolie und Kolophonium so nah wie möglich aneinander liegen. Schneiden Sie zwei Kreise aus Alufolie mit einem Durchmesser von 4 1/2 Zoll aus. Glätten Sie sie vorsichtig auf einem Stück Papier, verteilen Sie den Kleber dünn auf der Abdeckung, legen Sie die Alufolie auf den Kleber und glätten Sie ihn mit den Fingern. Drücken Sie die Kanten so glatt wie möglich Dies ist möglich, weil Strom aus scharfen Ecken leicht entweicht. Decken Sie die größeren offenen Flächen mit Stücken Alufolie ab. Hartgummi (Ebonit) ist kein elektrischer Leiter und eignet sich am besten für die Handhabung. Ein Stück eines alten Gummikamms oder eine Füllfederhalterdose zu diesem Zweck verwendet werden.

Um einen Funken Elektrizität zu erzeugen, reiben Sie das Kolophonium mit weichem Leder, Fell oder Wolle ein. Legen Sie die Abdeckung darauf. Berühren Sie die Oberseite der Abdeckung mit dem Finger (um die negative Elektrizität zu entfernen). Heben Sie die Abdeckung oben am Griff an. Bringen Sie den Rand der Abdeckung in die Nähe eines Fingers oder eines anderen Leiters, und ein Funke wird mit einem Knacken abprallen. Es ist ein Miniaturblitz. Einige Bücher über Elektrizität beschreiben viele andere Experimente, die ausprobiert werden können.

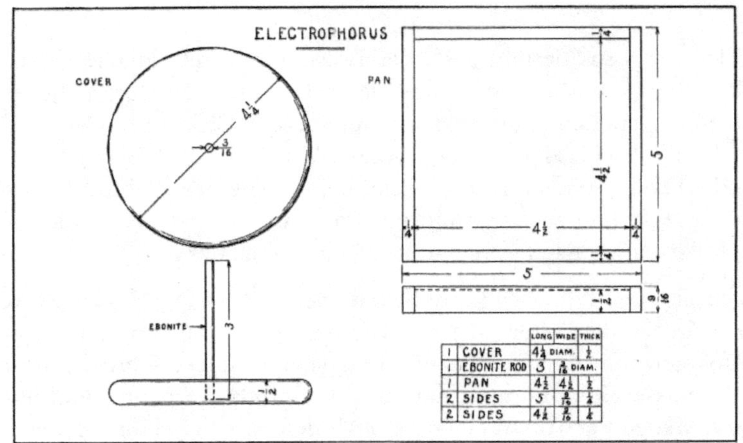

ELEKTROPHOR — TAFEL 18

WASSERRAD – PLATTE 19 .

Dieses Wasserrad ist für die Platzierung in einem fließenden Bach konzipiert. Ein längerer Trog könnte das Wasser durchaus in diesen leiten, um eine höhere Geschwindigkeit zu erreichen.

Machen Sie zuerst die Mulde und achten Sie darauf, dass die Seiten gut am Boden anliegen. Nageln Sie die Oberseite 5 Zoll vom Ende, an dem das Rad platziert ist, fest. Die oberen Ecken der Achsblöcke müssen 1 Zoll abgeschnitten werden. Die Mitte des 5/16-Zoll-Lochs für die Achse liegt 7/8 Zoll von der Unterkante entfernt. Wenn Sie die Achsblöcke festnageln, stecken Sie einen Dübel oder Bleistift durch die Löcher, um die Blöcke genau gegenüber festzunageln.

Nachdem Sie ein 4-1/4-Zoll großes Brett für das Rad gesägt haben, zeichnen Sie die Diagonalen und Durchmesser (also eckig und quer), um es in acht Teile zu unterteilen. Zeichnen Sie einen 4-Zoll-Kreis für das Rad und einen 3-1/4 " Kreis, um die Tiefe der Kerben für die Paddel zu markieren. Formen Sie das Rad. (Anweisungen finden Sie auf Seite 20.) Testen Sie es mit dem Winkelstück , um sicherzustellen, dass die Kante rechtwinklig zur flachen Oberfläche bleibt. Bohren Sie ein 1/4-Zoll-Loch in die Mitte Gehen Sie dabei äußerst vorsichtig vor, da das Rad sonst seitlich wackelt. Die Kerben werden ausschließlich mit der Rücksäge geschnitten. Sägen Sie 1/8 Zoll auf einer Seite der acht Linien quer über den Kreis und sägen Sie direkt bis zum inneren Kreis. Achten Sie darauf, die Säge mit dem Rad im rechten Winkel zu halten. Nachdem dieser Sägeschnitt ausgeführt wurde, messen Sie die Breite der Kerbe, indem Sie die Kante eines Paddels so halten, dass sie den Sägeschnitt gerade abdeckt, und mit einer Messerspitze einen Punkt auf der anderen Seite des Paddels machen. Halten Sie das Trysquare an eine Seite des Rads und die Innenkante seiner Klinge über den Punkt und ritzen Sie eine Messerlinie über die Kante des Rads. Dann *innerhalb* dieser Messerlinie wieder gerade nach unten sägen . Sägen Sie einige Male in den Ecken, dann wird das Holz ausreichend entfernt. Die Kerben dürfen lieber zu klein als zu groß sein, denn die Paddel können entsprechend dünner gehobelt werden. Reinigen Sie das Rad mit dem Hobel, bevor Sie die Paddel festnageln. Alle diese Paddel bis auf eines können mit dem Rad festgenagelt werden, das in einer Ecke des Schraubstocks gehalten wird. Um das festzunageln, legen Sie ein dünnes Brett aufrecht in den Schraubstock und legen Sie das Rad darauf. Alle Nägel sollten in den Paddeln begonnen werden, nicht im Rad.

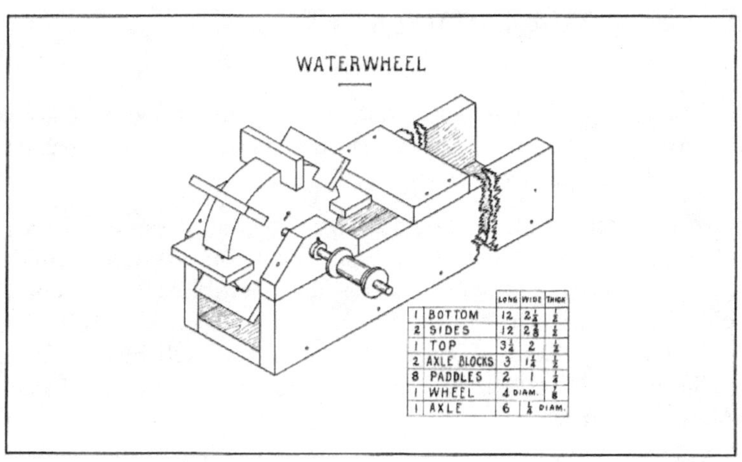

WASSERRAD – TAFEL 19

Machen Sie die Achse aus Hartholz. Schieben Sie es durch die Achsblöcke und das Rad und befestigen Sie es mit einem Stift am Rad, Platte 19 . Die Achse ist lang, so dass eine Riemenscheibe (Spule) aufgesetzt werden kann und von dieser aus ein Riemen (Schnur) zu anderen Riemenscheiben verläuft. Eine Lederscheibe außerhalb jedes Achsblocks hält das Rad in der Mitte. Bei sorgfältiger Arbeit schlagen die Paddel nicht an; Wenn sie zuschlagen, müssen sie abgestreift werden.

Bei diesem Motor handelt es sich um ein Wasserrad, das für einen gewöhnlichen Schlauchhahn konzipiert ist. Unter einem Wasserstrahl, der nicht größer als eine große Nadel ist, summt es ziemlich. Wenn das Rad nicht genau auf der Achse läuft, müssen die Beine des Motors an der Außenseite des Gehäuses angeschraubt werden.

Machen Sie das Rad aus weichem Holz so naturgetreu wie möglich. (Siehe Seite 20.) Für die Achse kann ein kleiner Messingstab oder eine große Stricknadel verwendet werden. Bohren Sie in der Mitte des Rades ein Loch, das kleiner als die Achse ist, um einen festen Sitz zu gewährleisten. Achten Sie sehr darauf, dieses Loch gerade zu bohren. Drücken Sie die Achse durch das Rad, und wenn das Rad nur leicht wackelt, treiben Sie Holzkeile neben die Achse, um sie im rechten Winkel zum Rad zu zwingen. Wenn es zu stark wackelt, verschließen Sie das Loch und versuchen Sie es erneut. Legen Sie die Achse auf die Backen des Schraubstocks, drehen Sie das Rad schnell, um zu sehen, wo es nicht stimmt, und ziehen Sie es geduldig herunter. Die flache Seite des Rades, die nur wenig wackelt, kann abgehobelt werden. Der Streifen des Siebdrahtgeflechts sollte nun am Rad befestigt werden. Es ist lang genug, um zweimal um das Rad herumzugehen, und sollte mit einem Dutzend kleiner Nägel befestigt werden.

Anregungen zur Riemenscheibe finden Sie auf Seite 56 .

Bereiten Sie für die Kupplung einen Block Weichholz vor. Messen Sie von der Unterseite aus eine Linie, die die Höhe der Schwalbenschwänze markiert, in die die Blöcke C und D auf jeder Seite 3/8 Zoll passen. Sägen Sie diese Schwalbenschwänze 3/16 Zoll tief aus und schneiden Sie sie schräg mit einem Meißel ab. Bohren Sie in der Mitte der Oberseite ein 1 Zoll großes Loch mit einer Tiefe von 3/4 Zoll. Setzen Sie das Loch mit einem 1/2-Zoll-Bohrer durch den Block fort. Bohren Sie Löcher 3/8 Zoll von der Oberseite und 1/2 Zoll von den Enden für die beiden 1-1/2-Zoll-Schrauben, die in der kleinen Zeichnung, Platte, dargestellt sind 20 . Messen und sägen Sie die linke Hälfte des Blocks (wie auf der Platte gezeigt) bis zur Tiefe des 1-Zoll-Lochs aus. Der Zweck besteht darin, einen Klemmsitz auf dem Gewinde des Wasserhahns zu ermöglichen. Beim ersten Ausprobieren auf dem Wasserhahn, drücken Sie ihn mit einer Handschraube kräftig zusammen, um das Gewinde im Holz zu verankern; danach können die Schrauben eingesetzt und die Kupplung nach Belieben befestigt werden. In den 1/2"-Dübel wird ein 1/4"-Loch gebohrt, die als Düse dient, bis der Sporn gerade sichtbar ist. Ohne den Bohrer weiter zu bohren, drehen Sie ihn so weit, dass der Sporn das Holz abnutzt und so ein sich verjüngendes Loch erzeugt, wie in den Schnittzeichnungen gezeigt.

Bereiten Sie die Seiten, Enden und die Oberseite des Kastens, die drei Blöcke, den Keil und die beiden Anschläge vor. Der Keil sollte an einem Ende 1/16 Zoll breiter sein als am anderen und sollte zum Schwalbenschwanz passen. Block C sollte zum anderen passen. Bohren Sie im oberen Teil ein 3/4 Zoll großes Loch in der Mitte 1 1/4 Zoll entfernt Dieses Loch ist größer als die Düse, um Anpassungen zu ermöglichen. Alle diese Teile müssen nun vollständig mit Paraffin getränkt werden. Schmelzen Sie das Paraffin, tragen Sie es mit einem Pinsel auf alle Oberflächen auf und treiben Sie es mit Hitze ein. Während des Vorgangs Die Düse kann in der Kupplung befestigt werden, indem reichlich Paraffin verwendet wird, um sie wasserdicht zu machen. Achten Sie darauf, dass der winzige Auslass die beste Position einnimmt, um das Wasser auf das Rad zu leiten. Nachdem die Düse wieder kalt ist, sollte der Auslass sorgfältig bearbeitet werden Mit der warmen Spitze einer großen Hutnadel oder eines Drahtes wieder herausfeilen und auf eine gute Spitze feilen.

Setzen Sie die Teile wie folgt zusammen: Nageln Sie eine Seite (die rechte in der Platte) an die Enden; Schrauben Sie die andere Seite an die Enden; Von oben bis zu den Enden und nur der ersten Seite nageln; Nagelblock B bis A; dann A nach oben. Schrauben Sie die Seite ab und bohren Sie Löcher in die Mitte der Seiten für die Achse. Sorgen Sie dafür, dass sie gut passen, und tränken Sie sie dann mit Paraffin. Bringen Sie das Rad, die Seite, die Riemenscheibe und die Anschläge an. Bringen Sie die Kupplung so an, dass die Düse über die Felge des Rads und den Nagelblock C reicht. Nachdem Sie zwei oder drei Unterlegscheiben aus weichem Leder in die Kupplung gesteckt haben, schrauben Sie sie an den Wasserhahn, befestigen Sie sie am Motor, und schon ist der Motor betriebsbereit.

Bessere Lager für die Achse können aus zwei an der Innenseite der Seiten verschraubten Lotstücken hergestellt werden. Wenn diese hergestellt werden, sollten die Löcher in den Seiten groß genug sein, um die Achse nicht zu berühren. Das Rad und die Riemenscheibe können an einer Messingachse befestigt werden, indem mit einem Bohrer aus einer Nadel ein Loch durch die Achse gebohrt wird. (Siehe Bohrer, Seite 11.)

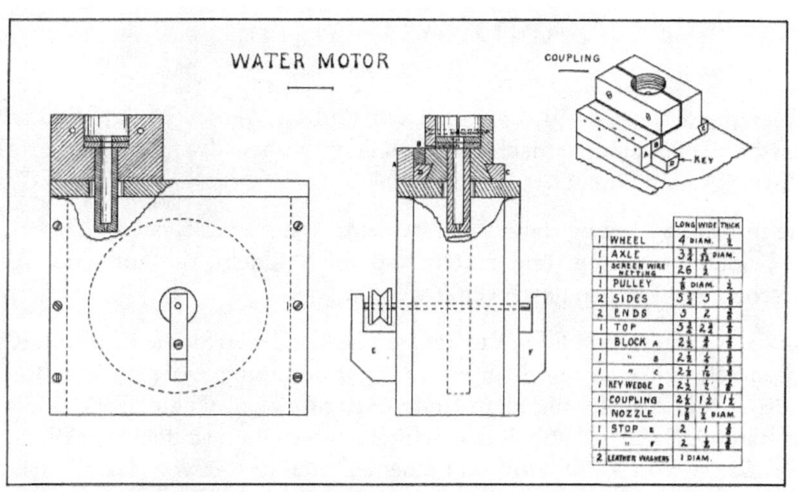

		LONG	WIDE	THICK
1	WHEEL	4 DIAM.		1/2
1	AXLE	3 3/4	5/32 DIAM.	
1	SCREEN WIRE NETTING	26	1/2	
1	PULLEY	7/8 DIAM.		1/2
2	SIDES	5 3/4	3	3/8
2	ENDS	3	2	3/8
1	TOP	5 3/4	2 3/4	3/8
1	BLOCK A	2 1/2	3/4	3/4
1	" B	2 1/2	1/2	3/8
1	" C	2 1/2	7/16	3/8
1	KEY WEDGE D	2 1/2	1/2	3/8
1	COUPLING	2 1/2	1 1/2	1 1/2
1	NOZZLE	1 7/8	1/2 DIAM.	
1	STOP E	2	1	3/8
1	" F	2	1/2	3/8
2	LEATHER WASHERS	1 DIAM.		

WASSERMOTOR – Tafel 20

SANDRAD – PLATTE 21.

Feiner Sand sorgt dafür, dass sich ein Rad wie dieses lebhaft dreht. Die meisten Teile sind einfach herzustellen, wobei das Rad die größten Schwierigkeiten bereitet.

Wie in der Zeichnung dargestellt, besteht es aus zwei Kästen, Pfosten, die die beiden verbinden, und einem Rad mit Paddeln, die auf einer Achse zwischen den Pfosten geschwenkt werden.

Um die Rundungen auf den Pfosten zu machen, legen Sie sie Kante an Kante in den Schraubstock und beginnen Sie mit der Spitze eines großen Bohrers im Riss, 1 1/2 Zoll von jedem Ende entfernt. Wenn keine große Spule für das Rad erhältlich ist, hobeln Sie Schneiden Sie einen achteckigen Block mit einer Länge von 1-3/8 Zoll und einem Durchmesser von 1 Zoll aus. Der schräge Teil der Spule muss weggeschnitzt werden. Teilen Sie ein Ende in acht gleiche Teile und zeichnen Sie an jeder Teilung der Länge nach Linien auf die Spule. Auf diesen Linien Messen Sie sehr sorgfältig 11/16 Zoll von einem Ende entfernt. Halten Sie dann die Spule waagerecht im Schraubstock und bohren Sie an jedem dieser Punkte halb durch die Spule 3/16-Zoll-Löcher. Am einfachsten lassen sich die Paddel in einem langen Stück anordnen, wie in <u>Abb.   4   gezeigt</u>.

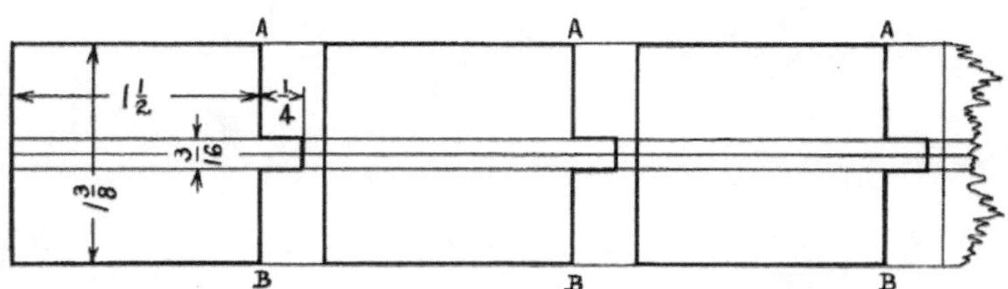

Wenn die Linien A und B Sie werden sorgfältig ausgesägt (siehe <u>Seite 12</u>), damit sie gut genug auf die Spule passen und geklebt werden können. Die Stiele der Paddel passen in die in der Spule gebohrten Löcher. Sie lassen sich leicht rund machen, indem man die Ecken ein wenig abschneidet und sie dann festschraubt ein 3/16-Zoll-Loch in einem Stück Hartholz. Die Enden der Paddel, an denen der Sand auftrifft, sind auf der Unterseite abgeschrägt . Die Löcher in den Pfosten, durch die 1-1/4-Zoll-Stifte in die Mitte der Spule geschoben werden, müssen einander genau gegenüberstehen, 3-1/4-Zoll von der Unterseite entfernt. Zwischen der Spule und den Pfosten sollten kleine Lederscheiben angebracht werden.

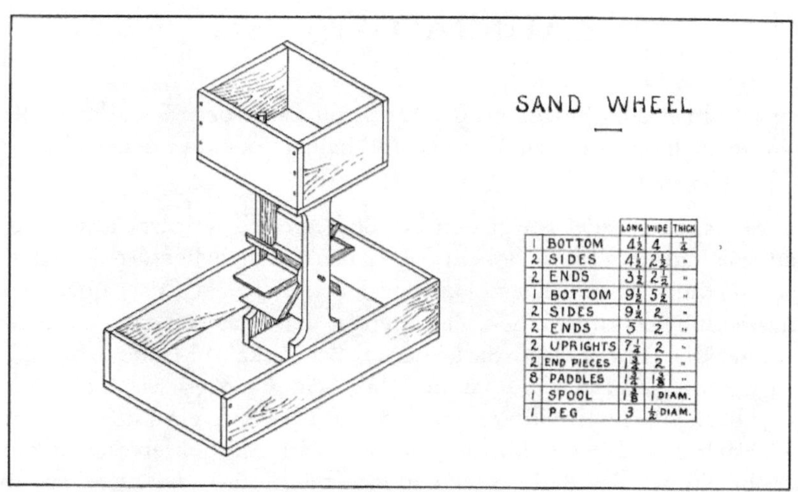

		LONG	WIDE	THICK
1	BOTTOM	$4\frac{1}{2}$	4	$\frac{1}{4}$
2	SIDES	$4\frac{1}{2}$	$2\frac{1}{2}$	"
2	ENDS	$3\frac{1}{2}$	$2\frac{1}{2}$	"
1	BOTTOM	$9\frac{1}{2}$	$5\frac{1}{2}$	"
2	SIDES	$9\frac{1}{2}$	2	"
2	ENDS	5	2	"
2	UPRIGHTS	$7\frac{1}{2}$	2	"
2	END PIECES	$1\frac{3}{4}$	2	"
8	PADDLES	$1\frac{1}{2}$	$1\frac{1}{8}$	"
1	SPOOL	$1\frac{5}{8}$	1 DIAM.	
1	PEG	3	$\frac{1}{2}$ DIAM.	

SANDRAD – TAFEL 21

Machen Sie nun die Kisten. Um die Kästen an den Pfosten zu nageln , befolgen Sie die Vorschläge auf <u>Seite 59</u> zum Nageln des Bodens des Wetterhäuschens. Halten Sie die Stifte in der Nähe der Mitte der Pfosten, damit sie die Kurven nicht spalten. In den oberen Kasten wird ein 5/16-Zoll-Loch für den Sand so gebohrt, dass der Sand etwa in der Mitte der Enden der Paddel auftrifft. Der Stift ist konisch, um in dieses Loch zu passen.

LAUFRAD – .

Es macht mehreren Jungen großen Spaß, auf Laufrädern über die Straße zu rasen. Jeder Junge kann ein anderes Rad haben, indem er den Vorschlägen auf Tafel 22 folgt.

Das Rad kann in jeder geeigneten Größe hergestellt werden. Sägen Sie ein Brett quadratisch ab und hobeln Sie es flach. Um sicherzustellen, dass es eben ist, muss es mit einem Haarlineal von Ecke zu Ecke, quer und in Längsrichtung geprüft werden. Zeichnen Sie den Kreis mit einer in der Mitte festgesteckten Schnur, wenn Sie keinen großen Zirkel zur Hand haben. Sägen Sie es mit einer Drehsäge zu und bearbeiten Sie es wie auf Seite 20 beschrieben. Bohren und versenken Sie in der Mitte ein Loch für eine 1-1/2"-Flachkopfschraube. Machen Sie den Griff und bohren Sie ein kleines Loch hinein, wo das Rad angeschraubt werden soll. Runden Sie das obere Ende und die Kanten des Griffs ab damit es sich für die Hand, die es ergreift, gut anfühlt. Die in der Verbindungsstange verwendeten Schrauben sollten leicht durch die Löcher an jedem Ende gleiten. Ein Arm reicht zwar aus, aber zwei sehen besser aus. Um den Jungen zu zeichnen, zeichnen Sie so viele 3/4" Zeichnen Sie Quadrate auf die Tafel, wie in Abb. 5, und skizzieren Sie dann den Umriss Quadrat für Quadrat. Um es auszuschneiden , ist mit ziemlicher Sicherheit eine Dekupier- oder Drehsäge erforderlich, ein geduldiger Junge kann es jedoch auch mit einem Schlangenbohrer, einer Rücksäge, einem Messer und einer Feile tun – die Bohrer müssen zuerst an allen Innenwinkeln verwendet werden . Am Griff muss ein Block angebracht werden, auf den der Junge geschraubt werden kann. Um die beiden Arme locker an den Schultern zu befestigen, sollte die Schraube an der Schulter und am ersten Arm locker und am zweiten Arm fest angezogen sein. Das Gleiche gilt für die Hände und den Fahnenmast. Bohren Sie oben in den Fahnenmast ein Loch, in das eine kleine Fahne passt. Eine Lackierung in leuchtenden Farben lässt das Modell viel ansprechender aussehen.

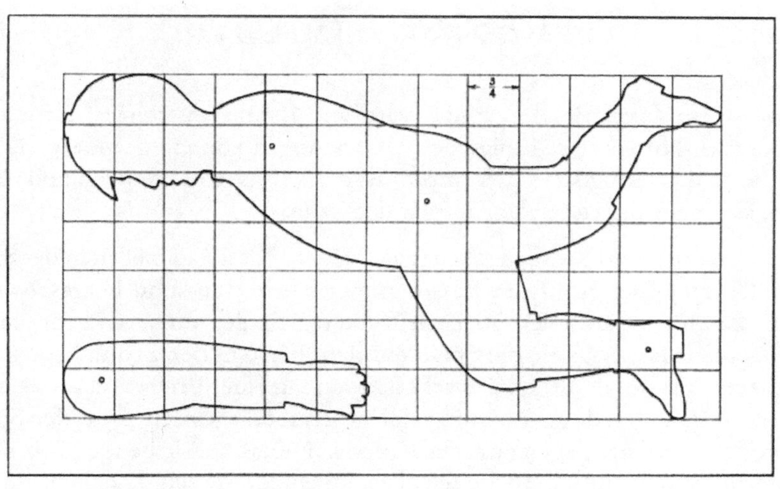

Abb. 5

Eine einfache Möglichkeit, den verschiebbaren Teil des unteren rechten Laufrads, Platte 22 , herzustellen, besteht darin, mit einem Bohrer einen schmalen Schlitz durch den Griff auszuschneiden und zu meißeln, der breit genug für zwei Schrauben mit Unterlegscheiben ist, die in den Griff eingeschraubt werden Block, der die Flagge hält.

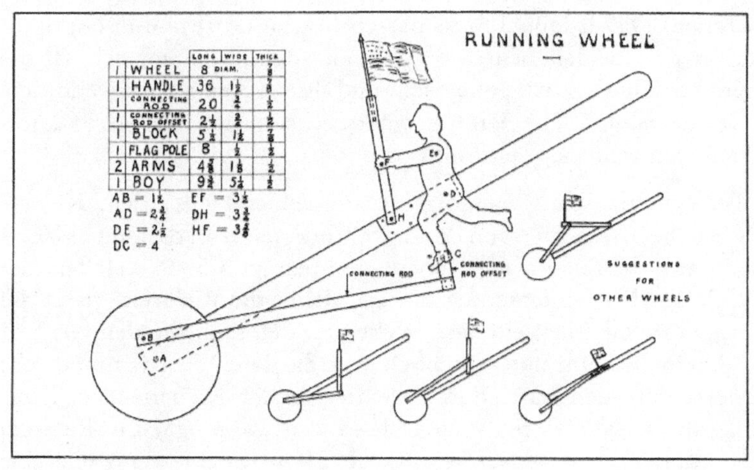

LAUFRAD – TAFEL 22

RASSEL – Tafel 23 .

Dies ist ein lautes Spielzeug und wird am 4. Juli ein sicherer Ersatz für Feuerwerkskörper sein. Einige der Abmessungen können geändert werden, um sie an die verfügbare Spule anzupassen. Es sollte eine ziemlich tiefe Spule sein, also eine, die viel Faden aufnehmen kann.

Das Geräusch wird dadurch erzeugt, dass die Feder die Lamellen in der Spule abreißt, wenn der Kopf der Rassel immer wieder hin- und hergeschwenkt wird. Zeichnen Sie Linien über ein Ende der Spule, um sie in acht gleiche Teile zu teilen. Legen Sie die Spule mit dem Ende in den Schraubstock und schneiden Sie mit der Rücksäge acht Kerben mit einer Breite von etwas mehr als 1/16 Zoll gerade in Richtung der gegenüberliegenden Seite der Spule. Durch zweimaliges Sägen an jeder Kerbe kann das verbleibende Holz leicht entfernt werden Entfernen Sie die Säge, indem Sie sie schräg halten. Es gibt mehrere Möglichkeiten, die acht kleinen Lamellen herzustellen, die in diese Kerben passen; die einfachste ist vielleicht, sie aus einem Block (1-5/8" × 1-1/2" ×) zu trennen 5/16") aus geradfaserigem Holz und hobeln Sie sie auf der am Fuß von <u>Seite 19 beschriebenen Vorrichtung</u>. Kleben Sie sie in die Kerben. Den Rücken und die Feder auf die gleiche Weise hobeln. Richten Sie beide Enden der Rückseite aus, aber hobeln Sie sie nicht ganz auf Breite, bis sie festgeklebt und festgenagelt ist. Bohren Sie auf beiden Seiten ein 5/16 Zoll großes Loch für den Dübel, 3/4 Zoll vom Ende und etwas mehr als 3/4 Zoll von der Hinterkante entfernt. (Löcher werden immer in der Mitte angeordnet.) Dieser Dübel muss passen fest im Griff und in der Spule und locker an den beiden Seiten. Hobeln Sie die Feder am schmalen Ende dünner. Sie sollte schmal genug sein und ihre Ecken so abgeschnitten sein, dass sie die Spule nicht berührt, wenn sie einrastet. Der Griff könnte es durchaus sein achteckig statt rund

Die Teile können nun wie folgt zusammengesetzt werden: Kleben und nageln Sie die Seiten zuerst an das dicke Ende, dann an das dünne Ende. Der Abstand zwischen den Enden im Inneren beträgt 3-5/16". Halten Sie diese vier Teile an den Hinterkanten bündig, damit die Rückseite passt. Kleben und nageln Sie die Rückseite fest. Kleben Sie den Dübel in den Griff. Geben Sie Kleber in die Spule und weiter Schieben Sie den Dübel dann mit der Spule zwischen den beiden Seiten durch alle drei Löcher. Kleben Sie die Feder fest und nageln Sie sie fest. Sie sollte sich so weit wie möglich in Richtung der Spule befinden, ohne dass die nächste Leiste bricht wenn eine Lamelle abbricht.

RATTLE

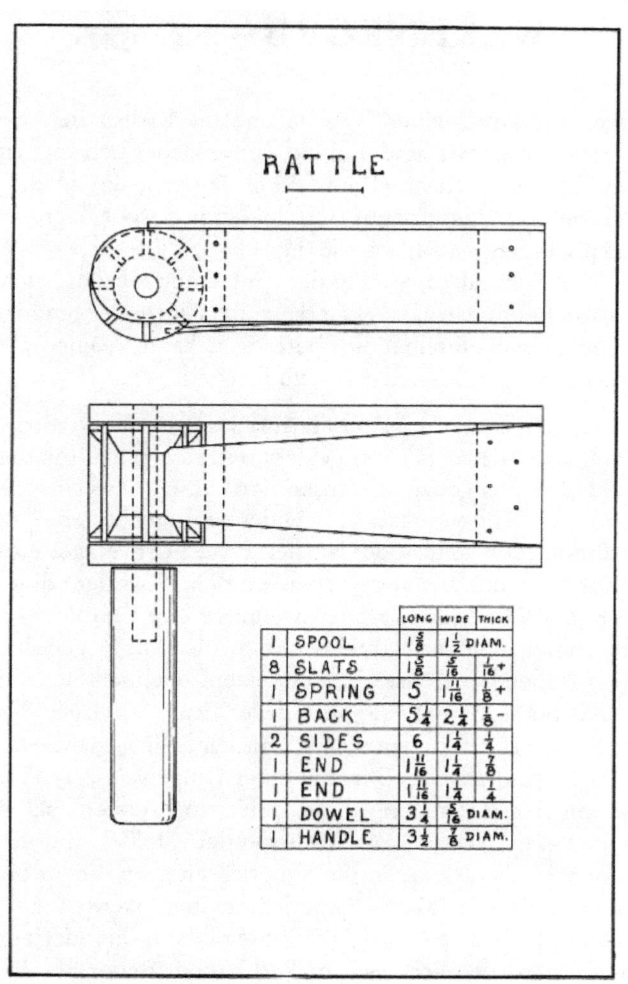

		LONG	WIDE	THICK
1	SPOOL	$1\frac{3}{8}$	$1\frac{1}{2}$ DIAM.	
8	SLATS	$1\frac{5}{8}$	$\frac{5}{16}$	$\frac{1}{16}+$
1	SPRING	5	$1\frac{11}{16}$	$\frac{1}{8}+$
1	BACK	$5\frac{1}{4}$	$2\frac{1}{4}$	$\frac{1}{8}-$
2	SIDES	6	$1\frac{1}{4}$	$\frac{1}{4}$
1	END	$1\frac{11}{16}$	$1\frac{1}{4}$	$\frac{7}{8}$
1	END	$1\frac{11}{16}$	$1\frac{1}{4}$	$\frac{1}{4}$
1	DOWEL	$3\frac{1}{4}$	$\frac{5}{16}$ DIAM.	
1	HANDLE	$3\frac{1}{2}$	$\frac{7}{8}$ DIAM.	

RASSEL – Tafel 23

WARENKORB – .

Die wichtigen Merkmale eines Wagens sind die Räder, die Achse und die Deichsel. Wenn diese stark sind und die Zunge sicher befestigt ist, reicht für den Körper fast jede Schachtel aus. Zwei Zungen, die an die Seiten des Körpers genagelt oder geschraubt sind, bilden wahrscheinlich den stärksten Griff, sehen aber nicht so gut aus wie die auf Tafel 24 gezeigte. Wenn dieser mit sechs 1-Zoll-Schrauben, zwei in der Zunge und zwei in jedem Block, an der Kiste angeschraubt wird, ist er stark genug. Einige der schöneren Kisten, die man beim Lebensmittelhändler befestigen kann, reichen allerdings für eine Karosserie aus besser, sich selbst zu machen.

Es sollten vier Räder aus 1/2-Zoll-Hartholz hergestellt werden (siehe Seite 20) und dann jeweils zwei der vier geklebt und sehr sicher mit der Maserung über Kreuz zusammengenagelt werden. Zu diesem Zweck werden 1-1/4-Zoll-Schlag- oder Einpressnägel verwendet sind am besten. Fahren Sie sie nicht zu nahe an der Mitte oder an der Felge. Um Nägel einzuschlagen, sollten sie auf ein Stück Eisen getrieben werden. Nachdem dies erledigt ist, wird ein 7/8-Zoll-Loch (oder größer, wenn Sie einen größeren Stab für die Achse bekommen können) direkt durch die Mitte gebohrt. Um die zylindrischen Enden der Achse abzuschneiden, zeichnen Sie zunächst einen 7/8-Zoll-Kreis Schneiden Sie die Mitte jedes Endes ab, legen Sie dann zwei rechteckige Stücke aus und sägen Sie sie aus, eines auf jeder Seite der Kreise, sodass ein 7/8" quadratischer Stift mit einer Länge von 2 1/4" übrig bleibt. Fahren Sie mit der Herstellung dieser Stifte fort; erstens achtseitig; dann sechzehnseitig; dann, rund; mit Messer oder Meißel und einer groben Flachfeile. Bohren Sie Löcher in die Unterlegscheiben, bevor Sie jede Ecke 9/16 Zoll abschneiden. Diese Unterlegscheiben werden an der Achse befestigt, indem Sie sie mit zwei 1 Zoll-Schrauben, die quer zur Maserung angebracht werden, ziemlich fest am Rad halten. Bevor Sie die Räder das letzte Mal montieren, reiben Sie die Achsen und Löcher gründlich mit Hartseife ein, damit sie leichter laufen. Zeichnen Sie eine Linie über die Unterseite des Gehäuses, 5 Zoll vom hinteren Ende entfernt, und bohren Sie vier Schraubenlöcher durch die Unterseite. Versenken Sie sie gut an der Innenseite des Gehäuses und stecken Sie 1 Zoll-Schrauben durch die flache Seite der Achse. Die Achse ist so geplant, dass die Räder innerhalb von 1/8 Zoll von der Karosserie laufen.

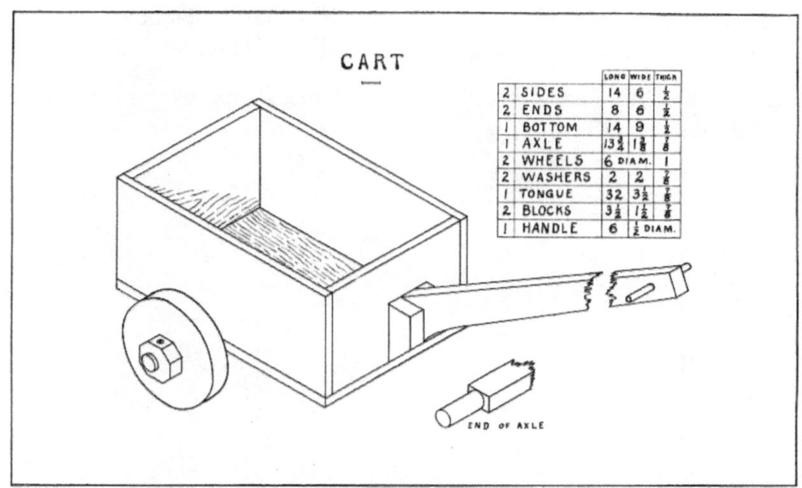

		LONG	WIDE	THICK
2	SIDES	14	6	$\frac{1}{2}$
2	ENDS	8	6	$\frac{1}{2}$
1	BOTTOM	14	9	$\frac{1}{2}$
1	AXLE	$13\frac{3}{4}$	$1\frac{3}{8}$	$\frac{7}{8}$
2	WHEELS	6 DIAM.		1
2	WASHERS	2	2	$\frac{7}{8}$
1	TONGUE	32	$3\frac{1}{2}$	$\frac{7}{8}$
2	BLOCKS	$3\frac{1}{2}$	$1\frac{1}{2}$	$\frac{7}{8}$
1	HANDLE	6	$\frac{1}{2}$ DIAM.	

WARENKORB – TAFEL 24

Mit einer gebogenen Unterkante ist die Zunge an einem Ende 2 1/2 Zoll und am anderen 1 1/2 Zoll breit. Um die richtige Neigung am breiten Ende zu erhalten, richten Sie den Wagen gerade aus, lassen Sie jemanden (oder den Schraubstock) die Zunge in der gewünschten Position halten, wenn Sie fertig sind, und legen Sie dann einen etwa 2 Zoll breiten Holzstreifen aufrecht an die Vorderseite des Wagens Zeichnen Sie vom Körper aus eine Linie auf die Zunge. Zeichnen Sie von der untersten Ecke der Zunge aus eine weitere Linie parallel zur ersten und sägen Sie sie ab. Nachdem Sie die beiden Blöcke hergestellt und sicher an der Zunge befestigt haben, sägen Sie die unteren Enden bündig mit der Zunge ab Krümmung der Zunge. Platzieren Sie die Zunge in Position, zeichnen Sie eine Linie um sie herum auf dem Körper und bohren Sie dann Löcher, wo die Schrauben am besten in die Zunge und die Blöcke passen. Sechs gut versenkte 1-Zoll-Schrauben halten die Zunge sicher. Da die Zunge *vorne* befestigt ist , müssen die Seiten und der Boden gut festgenagelt *sein* ; oder die Ecken können mit einem Stück Zinn innen und außen an jeder Ecke verstärkt, zusammengeheftet oder genietet werden. Jedes Stück Dose sollte etwa 3 Zoll im Quadrat groß sein.

Ein Stück alter Fahrradrahmen, das fest in das Loch eines Rades gesteckt wird, macht es sehr langlebig. Ein solches Loch müsste zweifellos mit einem ausgedehnten Bohrer gebohrt werden. Ein Fahrradrahmen lässt sich leicht in einiger Entfernung von den verstärkten Verbindungen in zwei Teile feilen. Ein solches Stück sollte länger als die Dicke des Rades sein, damit es nach dem Eintreiben bündig gefeilt werden kann. Um es einzutreiben, verwenden

Sie einen starken Schraubstock oder schlagen Sie es, nachdem Sie es mit hartem Holz geschützt haben, langsam mit einem schweren Hammer ein.

Kleine Karren können mit Rädern aus Spulen wie denen der Kanone hergestellt werden. (Siehe Tafel 25.)

KANONE – TAFEL 25 .

Diese Kanone kann sehr gut kleine Murmeln verschießen. Die Kraft hängt natürlich von der Stärke der Gummibänder ab. Da der Ladestock und der Griff ziemlich schwer sind, wird ein starker Dübel durch den Griff und den Ladestock gesteckt. Die Gummischeibe absorbiert einen Teil des Stoßes.

Zeichnen Sie für den Lauf einen 1-1/4" großen Kreis auf ein Ende eines Stocks (6-1/2" × 1-1/2" × 1-1/2"). Bohren Sie von der Mitte dieses Kreises aus ein 9/16-Zoll-Loch gerade durch das Ende des Stocks und stoppen Sie, sobald der Sporn durchkommt. Setzen Sie die Nadel des Zirkels in dieses Spornloch und zeichnen Sie einen 1-Zoll-Kreis und, wenn möglich, einen 1-1/4"-Kreis; dann fertig bohren.

Hobeln Sie den Stock rund auf den 1-1/4"-Kreis. Um den Stock dabei festzuhalten, stecken Sie eine Stange durch das Loch, öffnen Sie den Schraubstock 6-1/2" und lassen Sie den Lauf mit dem Ende im Schraubstock ruhen. Zeichnen Sie etwa zweieinhalb Zoll vom hinteren Ende des Laufs entfernt eine Linie darum herum, um die Verjüngung des Mündungsendes zu begrenzen. Hobeln Sie die Mündung auf den 1-Zoll-Kreis. Bohren Sie zwei Zoll vom Verschluss entfernt ein 3/8-Zoll-Loch direkt durch den Lauf. und in dieses Loch die Achse kleben. Nachdem der Kleber getrocknet ist, bohren Sie den Lauf erneut aus und schleifen das Loch gut ab.

Sorgen Sie dafür, dass der Ladestock locker im Lauf sitzt. (Siehe Anweisungen für Dart , Seite 16.) Fertigen Sie den Griff auf die gleiche Weise an, wie der Lauf hergestellt wurde, mit der Ausnahme, dass nach dem Zeichnen des 1-1/4-Zoll-Kreises am Ende, wo der Sporn gerade erscheint, das Loch *nicht* gebohrt wird weiter. Kleben Sie den Ladestock fest und befestigen Sie ihn mit dem 3/8"-Dübel. Die gebogene Kerbe, in die die Gummibänder eingebunden werden, lässt sich geduldig mit einer Rundfeile herausarbeiten, indem man zunächst mit einem Messer eine V-förmige Kerbe einschneidet. Schneiden Sie die Ecken ab und schleifen Sie alle Teile gut ab.

Die Gummischeibe kann aus einem alten Gummiabsatz hergestellt werden. Um ein Loch zu bohren, quetschen Sie es zwischen zwei Bretter und bohren Sie beide gleichzeitig durch.

Mindestens einer der Pfosten muss mit dem Sockel verschraubt sein. Der erste kann genagelt werden. Kleben und nageln Sie diese 1/4 Zoll von der Kante der Basis entfernt fest. Halten Sie die andere fest und zeichnen Sie eine Linie um sie herum. Bohren Sie Löcher für die Schrauben, stecken Sie die Schrauben in die Löcher und drücken Sie den Pfosten darauf, um die Stelle zu markieren Zum Bohren des Pfostens. Nach dem Bohren der

Pfosten setzen Sie die Kanone und den Pfosten an Ort und Stelle und ziehen die Schrauben fest. Die Räder können aus den Enden großer Spulen hergestellt werden, die für eine kurze, große Schraube gut versenkt sind.

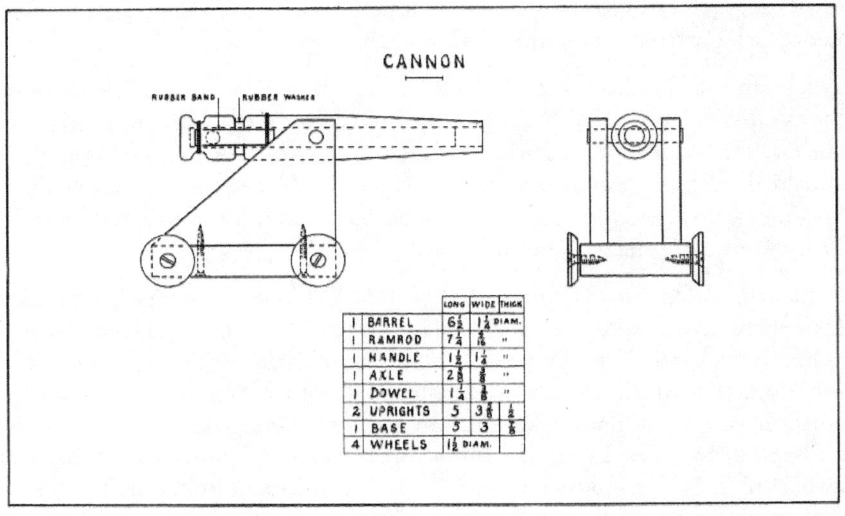

		LONG	WIDE	THICK
1	BARREL	$6\frac{1}{2}$	$1\frac{1}{4}$ DIAM.	
1	RAMROD	$7\frac{1}{4}$	$\frac{5}{16}$	"
1	HANDLE	$1\frac{1}{2}$	$1\frac{1}{4}$	"
1	AXLE	$2\frac{3}{8}$	$\frac{3}{8}$	"
1	DOWEL	$1\frac{1}{4}$	$\frac{3}{8}$	"
2	UPRIGHTS	5	$3\frac{5}{8}$	$\frac{1}{2}$
1	BASE	5	3	$\frac{7}{8}$
4	WHEELS	$1\frac{1}{2}$ DIAM.		

KANONE – TAFEL 25

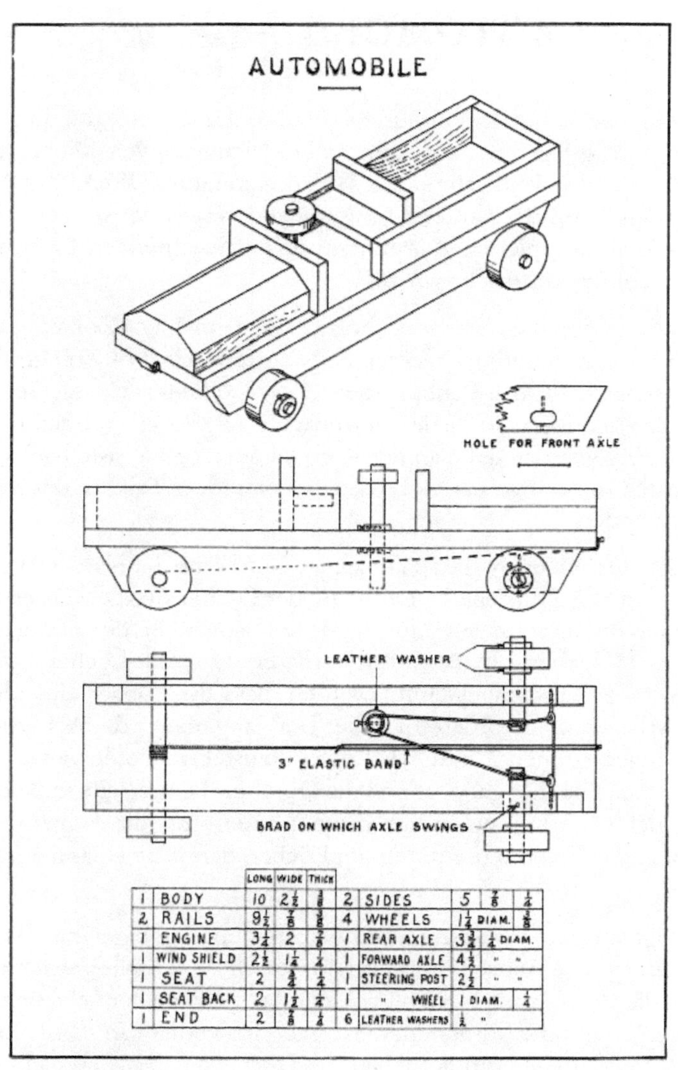

		LONG	WIDE	THICK				
1	BODY	10	2½	3/8	2	SIDES	5	7/8	¼
2	RAILS	9½	7/8	3/8	4	WHEELS	1¼ DIAM.	3/8
1	ENGINE	3¼	2	7/8	1	REAR AXLE	3¾	¼ DIAM.
1	WIND SHIELD	2½	1¼	¼	1	FORWARD AXLE	4½	" "
1	SEAT	2	¾	¼	1	STEERING POST	2½	" "
1	SEAT BACK	2	1½	¼	1	" WHEEL	1 DIAM.	¼
1	END	2	7/8	¼	6	LEATHER WASHERS	½ "

AUTOMOBIL – Tafel 26

Auch wenn der Motor (ein elastisches Band), der dieses Auto antreibt, eine kurzatmige Angelegenheit ist, kann es bei leichtgängigen Rädern dennoch eine kurze Strecke alleine auf einem Holzboden fahren. Wenn das Auto eine Ladung trägt, kann ein stärkeres Gummiband verwendet werden. Wenn die Teile vor dem kompletten Zusammenbau mit leuchtenden Farben lackiert werden, sieht das Auto sehr gut aus.

Erstellen Sie zuerst die Karosserie, bohren Sie dann 4-1/4 Zoll vom vorderen Ende und 3/4 Zoll von der rechten Seite entfernt ein 1/4 Zoll großes Loch in die Karosserie für den Lenkpfosten. Dieses sollte fest sitzen, damit es hält Die Räder können in jede gewünschte Position gebracht werden. Lederscheiben werden nahe an der Karosserie an den Pfosten genagelt. Der Lenkpfosten muss angebracht werden, bevor andere Teile an der Karosserie befestigt werden.

Die Enden der Schienen, die später an der Unterseite der Karosserie befestigt werden, sind 1/2 Zoll geneigt. Die Mitte der Löcher für die Achsen liegt 3/4 Zoll hinter dieser schrägen Linie und 1/4 Zoll über der Unterkante der Karosserie Schienen. Beim Bohren dieser 1/4-Zoll-Löcher sollten die Schienen so zusammengeklemmt werden, dass die Löcher einander genau gegenüberliegen. Die vorderen Löcher sind lang, damit die Achsen hin und her schwingen können. Um dieses Loch herzustellen, werden zwei 1/4-Zoll-Löcher nebeneinander gebohrt und die Ober- und Unterseite mit einem 1/4-Zoll-Meißel geglättet. Wenn Sie die Karosserie an die Schienen nageln, stecken Sie die Hinterachse durch die Löcher, damit sie einander gegenüber liegen.

Die Vorderachse ist aus einem Stück gefertigt und bleibt so, bis das Lenkseil angebracht ist. Die Achse muss sorgfältig an Ort und Stelle gehalten werden, während die Bohrlöcher 1/8 Zoll von der Außenkante der Schienen entfernt und gerade durch die Mitte der Achse gebohrt werden. In dieses Loch wird ein fest sitzender Bohrstift getrieben. Das Steuerseil darf sich nicht dehnen ; Ein großes, hartes Gewinde ist geeignet. Wickeln Sie ein etwa 18 Zoll langes Stück fest um die Achse, etwa 1/4 Zoll von einer Schiene entfernt, und binden Sie es fest. Führen Sie ein Ende durch die kleinen Schraubenösen, die in der unteren Zeichnung gezeigt werden, und wickeln Sie es herum Positionieren Sie die Achse in der Nähe der anderen Schiene und lassen Sie dabei kein Spiel in den Schraubenösen. Wickeln Sie dann sechs bis acht Windungen sanft um den Lenkpfosten und befestigen Sie das Ende mit mehreren halben Schlägen am Anfang. (Siehe Tafel 15.) Ein separater Faden sollte vorhanden sein an der zweiten Stelle um die Achse und das Lenkseil gebunden werden . Sollte ein Durchhang vorhanden sein, kann dieser dadurch ausgeglichen werden, dass man einen V-förmigen Faden über das Lenkseil in der Nähe der Achse legt und die beiden Enden über die Oberseite der Achse führt und sie über das Lenkseil auf der anderen Seite der Achse binden. Dadurch wird das Lenkseil tendenziell oben auf der Achse zusammengezogen.

Die Räder können aus kurzen Gardinenstangenstücken gesägt werden, die man im Möbelgeschäft erhält. Die 1/4-Zoll-Löcher für die Achse müssen genau in der Mitte gebohrt werden. Die Räder müssen sich an der Vorderachse frei drehen, aber an der Hinterachse festgeklebt sein, die sich selbst frei in den Schienen drehen muss. Nachdem die Räder eingebaut sind An dieser Stelle kann die Vorderachse mit einer Rücksäge mit sehr kurzen Hüben in zwei Teile gesägt werden und zwei Schnitte fast durchgesägt werden, bevor einer der beiden vollständig gesägt ist.

Nageln Sie die Windschutzscheibe an den Motor und kleben Sie dann beide an die Karosserie. Nageln Sie die Rückenlehne so an den Sitz, dass die Oberseite des Sitzes 3/4 Zoll über der Karosserie liegt, nageln Sie dann die beiden Seiten an das Ende und an die Rückenlehne und den Sitz. Kleben Sie das Ganze auf die Karosserie. Nägel können durch die Karosserie in den Motor, die Sitzlehne und das Ende hochgefahren werden, wenn bei der Positionierung vorsichtig vorgegangen wird.

Ein Ende des elastischen Bandes (Motor) ist mit einem Stück Schnur an einem Stift befestigt, der in das vordere Ende der Karosserie des Automobils getrieben wird. Am anderen Ende des Gummibandes wird ein etwa 20 cm langes Stück Schnur befestigt. Dieses wird direkt unter den Körper und über das Lenkseil gelegt und zwei- bis dreimal fest um die Hinterachse gewickelt und festgebunden. Die Schnur und das Gummiband sollte einfach gerade sein, das Gummiband darf weder gedehnt noch locker sein. Um den Motor aufzuziehen, bewegen Sie das Auto rückwärts auf dem Boden und halten Sie die Hinterräder fest, bis Sie das Auto loslassen möchten.

BOGENPISTOLE – <u>Tafel 27</u> .

Für das Scheibenschießen im Haus ist dies ein gutes Spielzeug. Mit gut gemachten Pfeilen und einem guten Bogen schießt es sehr gut.

Machen Sie einen guten Bogen aus Rattan oder einem anderen robusten Holz. Eine alte Speiche eines Kutschenrads könnte man zweifellos von einem Schmied oder Stellmacher bekommen, und eine solche Speiche aus Hickoryholz würde einen guten Bogen abgeben. Machen Sie den Bogen ähnlich wie auf <u>Tafel 8 gezeigt</u> , außer dass er in der Mitte rund sein sollte, damit er in das 3/8-Zoll-Loch in der Pistole passt. Die Bogensehne sollte eine harte Schnur sein, damit sie leicht aus den Kerben in der Pistole rutschen kann Lauf, wenn der Abzug betätigt wird.

Machen Sie vor dem Formen der Pistole eine Rille in der Mitte einer Kante des Bretts. Dies sollte mit einem runden Hobel von 3/8 Zoll erfolgen. Es kann jedoch auch mit dem in <u>Abb. 6 gezeigten Werkzeug</u> , einer Hohlkehle und einer Rundfeile durchgeführt werden. Dieses Werkzeug ähnelt stark dem auf <u>Seite 41 beschriebenen</u> Es wird jedoch ein größerer Nagel verwendet. Machen Sie die Nut 7/32 Zoll tief und messen Sie eine Linie 3/16 Zoll von jeder Seite des Bretts. Verwenden Sie dann die Fräse innerhalb dieser Linien und so tief wie die Rille. Wenn das Fugenhobeln gut ausgeführt ist, glätten Sie die Nut mit einer runden Feile oder grobem Schleifpapier, das um einen Bleistift gewickelt ist.

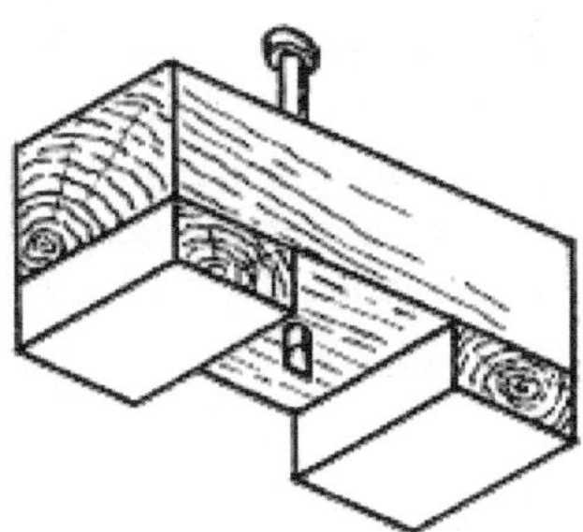

Abb. 6

Zeichnen und formen Sie die Pistole. Machen Sie die Unterkante des Fasses halbrund. Schleifen Sie es gut ab. Machen Sie den Abzug aus Hartholz und schrauben Sie ihn an die Pistole. Die Form der Kerbe neben dem Abzug ist sehr wichtig, die Form der anderen Kerbe jedoch nicht. Beide Kerben müssen jedoch so glatt und gut abgerundet sein , dass die Bogensehne nicht beschädigt wird. Sie sollten nicht tiefer als die Hälfte der Nuttiefe sein.

Pfeile lassen sich schnell herstellen, indem man lange Streifen aus gerade gemasertem Holz (3/16 Zoll im Quadrat) sägt, die Ecken hobelt und mit Schleifpapier abschneidet; sie dann auf eine Länge von 5 Zoll (5 Zoll) schneidet, die Enden spaltet (siehe Seite 16) und ein 1 Zoll × 1 großes Papier einlegt /2" und binden Sie das Ende mit Faden zusammen.

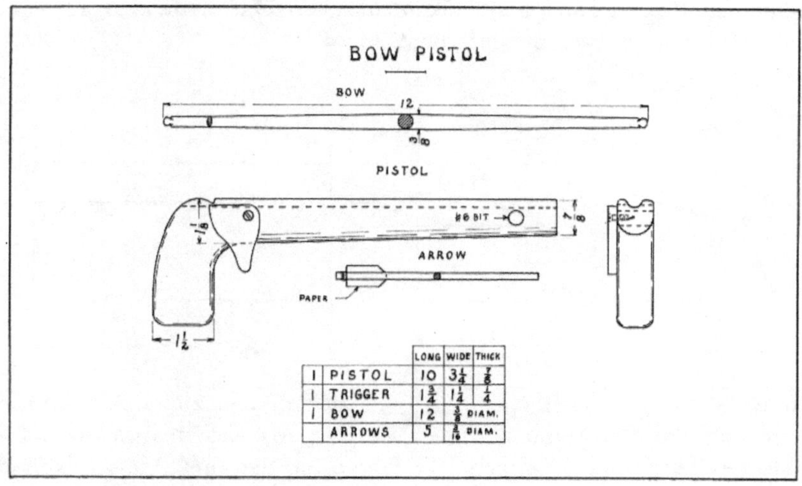

		LONG	WIDE	THICK
I	PISTOL	10	3¼	⅛
I	TRIGGER	1¾	1¼	¼
I	BOW	12	⅜ DIAM.	
	ARROWS	5	3/16 DIAM.	

BOGENPISTOLE – TAFEL 27

Wenn an dieser Waffe ein elastisches Bargeldband mit einem Durchmesser von etwa 5/16 Zoll und einer Länge von 18 Zoll verwendet wird, schießt sie Schrot, Erbsen, kleine Pfeile usw. mit beträchtlicher Kraft ab. Wenn die Leine weit genug vorne befestigt ist, erfordert es sogar die ganze Kraft eines Jungen, den Reiter zurück zum Haken zu ziehen. Die Waffe kann aus Kiefer, Weißholz oder klarer Fichte gefertigt sein.

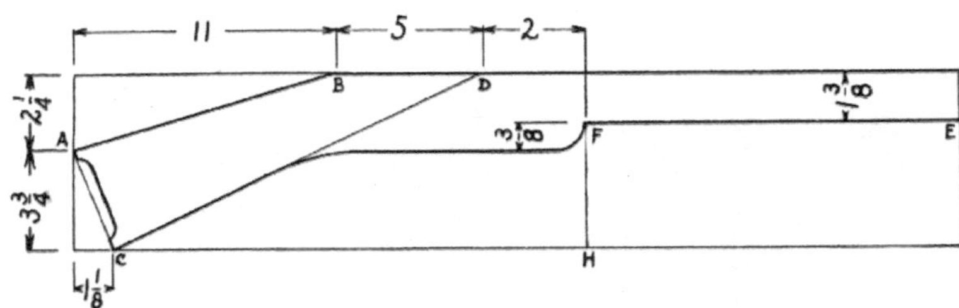

Um die Waffe auszulegen (siehe Abb. 7), zeichnen Sie zuerst AB, dann AC, messen Sie dann BD und zeichnen Sie CD; Als nächstes messen Sie die Breite des Laufs und zeichnen EF; Fügen Sie darunter 3/8 Zoll für den Waffenschaft hinzu und zeichnen Sie schließlich die Kurven freihändig. Um es auszusägen, reißen Sie es zuerst entlang EF, schneiden Sie es dann quer bei HF ab, reißen Sie es dann bis zur Kurve entlang CD und dann Entlang der Unterseite des Gewehrschafts bis zur CD, schließlich entlang A B. Natürlich sollte nichts von diesem Sägen die Linien berühren. Hobeln Sie, wo immer möglich, bis zu diesen Linien und verwenden Sie dann den Speichenhobel. Die Kurve und Ecke bei F sollten Mit einem Meißel abschneiden. Die Unterkante des Schafts und des Laufs ist halbrund, die Oberkante, insbesondere an der Stelle, an der die Feder eingeschraubt ist, ist jedoch nur leicht rund. Die Rundung am Schaftende sollte dies tun wird mit der Drehsäge ausgeschnitten und mit einer Halbrundfeile abgerundet. Die Nut kann wie bei der Bogenpistole hergestellt werden. (Siehe Seite 86.)

Alle Teile der Waffe sollten gut geschliffen sein, insbesondere dort, wo das Gummiband am Lauf reibt.

Machen Sie den Abzug aus robustem Holz.

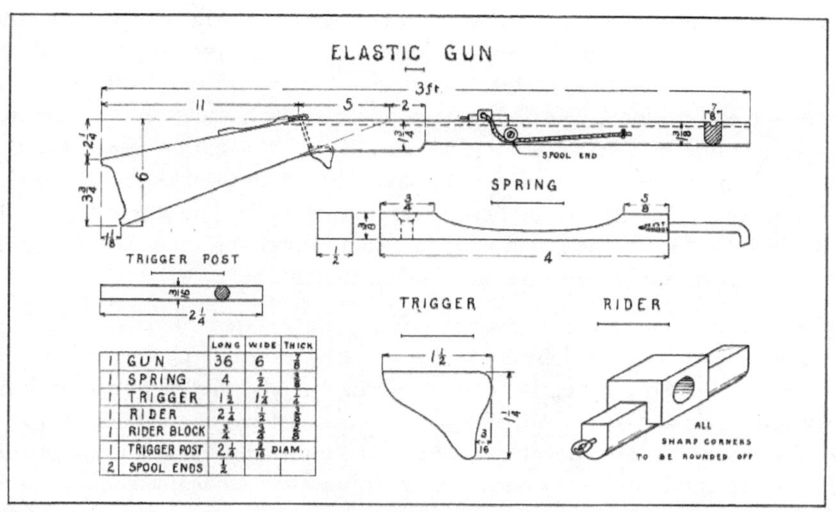

		LONG	WIDE	THICK
1	GUN	36	6	7/8
1	SPRING	4	1/2	3/8
1	TRIGGER	1 1/2	1 1/2	1/4
1	RIDER	2 1/4	1/2	
1	RIDER BLOCK	3/4	3/8	
1	TRIGGER POST	2 1/4	3/16 DIAM.	
2	SPOOL ENDS	1/2		

ELASTISCHE GEWEHR – TAFEL 28

Bohren Sie ein 1/4-Zoll-Loch für den Abzugsbolzen etwa 3/4 Zoll vom hinteren Ende der Nut entfernt, sodass es etwa 3/4 Zoll nach vorne geneigt ist. Machen Sie dieses Loch so glatt wie möglich. Dort, wo das Loch durch den Waffenschaft führt Beginnen Sie mit der Aussparung, in die der Abzug gehört. Diese sollte 3/8 Zoll tief sein und leicht in den Abzug passen. Setzen Sie den Abzug ein und bohren Sie ein kleines Loch direkt durch den Waffenschaft und den Abzug. Überlegen Sie sorgfältig, wo dieses Loch gebohrt werden soll, damit es nicht zu nahe an die Kante des Abzugs kommt. Führen Sie einen gut sitzenden Stift ein und prüfen Sie, ob sich der Abzugsstift etwa 1/4 Zoll nach oben und unten bewegen lässt. Machen Sie die Aussparung nicht so lang, dass der Abzugsstift am Abzug rutscht.

Machen Sie nun die Feder aus Hartholz. Schneiden Sie die Kurve an beiden Enden mit einem Meißel ab und halten Sie dabei die Feder am Ende im Bankhaken fest. Die Löcher für die Schraube und den Haken müssen groß genug sein, damit die Feder nicht splittert, und dennoch muss der Haken fest eingeschraubt werden, um das Gummiband zu halten. Der Haken muss so weit abgefeilt und schräg sein, dass das Schraubenauge im Reiter darunter gleiten und gefangen werden kann.

Der Reiter ist das am schwierigsten herzustellende Teil, da er klein ist und aus hartem Holz bestehen muss. Außerdem muss der Block gut in das lange Stück passen. Machen Sie die Unterkante des langen Stücks rund, damit es gut in der Nut gleitet. Bohren Sie entlang der Faserrichtung ein 5/16 Zoll *großes Loch durch* den Block, versenken Sie die Enden und glätten Sie sie, damit sie das Gummiband nicht beschädigen können. Als nächstes legen Sie eine 5/16 Zoll tiefe Kerbe in das lange Stück aus, sägen und meißeln es Der Block passt genau. Kleben Sie es fest und nageln Sie es von der Unterseite fest, oder setzen Sie eine 1/2-Zoll-Schraube ein. Für die Stifte oder die Schraube müssen sorgfältig Löcher gebohrt werden. Bohren Sie ein Loch und bringen Sie das Schraubenauge so an, dass es passt Mit einem Druckknopf unter den Haken schieben. Achten Sie bei diesem harten Holz darauf, die Öse nicht abzudrehen. Das hintere Ende der Öse kann durchaus etwas schräg gefeilt werden, damit sie besser unter den Haken rutscht.

Führen Sie das Gummiband durch den Reiter, lassen Sie den Reiter am Haken einrasten und ziehen Sie die Enden des Gummibandes so weit, wie es Ihnen am besten erscheint – achten Sie darauf, dass es nicht zu stark ist! Bohren Sie dort, wo die Enden des Gummibands gezogen werden, zwei 1/4-Zoll-Löcher übereinander durch den Lauf. Befestigen Sie das Gummiband sicher zwischen diesen Löchern. Um es doppelt zu sichern, wickeln Sie zum Ziehen eine Schnur zwischen das Gummiband und den Lauf erste Saiten näher zusammen.

Sägen Sie nun die Enden einer Spule etwa 1/2 Zoll ab und schrauben Sie sie so an den Lauf, dass sie das Gummiband ohne Dehnung an den Seiten des Laufs halten. Diese Spulen sollten sich leicht drehen lassen. Sie können nicht platziert werden genau umgekehrt, da die Schrauben stören.

Befestigen Sie den Reiter am Haken, betätigen Sie den Abzug und beachten Sie, dass der Reiter mit dem Abzugsbolzen nach oben geht. Um es festzuhalten, setzen Sie auf jeder Seite der Nut eine dünne 3/4-Zoll-Schraube so ein, dass die Schraubenköpfe über die Außenseite des Schraubenauges ragen. Alternativ können 1-Zoll-Stifte über die Schraube gebogen werden. Auge. Wenn alles in Ordnung ist, schlagen Sie auf jeder Seite der Feder einen 1-Zoll-Bohrer ein, um den Haken immer an Ort und Stelle zu halten.

RATTLE-BANG GUN – <u>PLATTE 29</u>.

Für Jungen, die Soldaten spielen wollen, gibt es hier eine Waffe, die viel Lärm macht, aber niemanden verletzt.

Machen Sie zuerst die Rassel aus Ahorn. Der Schlitz darin kann mit der Stichsäge hergestellt werden. Das feste Ende muss genau rechtwinklig sein, damit es in das vordere Ende der aus dem Gewehrschaft ausgeschnittenen Tasche passt. Hier muss es durch Kleber und zwei Schrauben fest gehalten werden. Eine Schraube wird schräg von der Oberseite des Waffenschaftes angebracht; der andere wird direkt von unten gelegt. Damit die Rassel am lautesten ertönt, darf sie nirgendwo anders als dieses feste Ende berühren. Achten Sie beim Anbringen von Klopfer und Abzug darauf, dass diese auch die Rassel nicht berühren. Der Schaft der Waffe ist wie der der elastischen Waffe (<u>Platte 28</u>) gefertigt, außer dass er in dem Teil, der die Rassel hält, 2 3/8 Zoll breit sein muss. Die Tasche ist 3 1/2 Zoll vom vorderen Ende entfernt und 1 1/2 Zoll tief, wo der feste Teil der Rassel passt. Um die Schrägschraube gut einzusetzen, muss mit einem kleinen Meißel eine Stelle für den Kopf ausgeschnitten werden, 3/8 Zoll tief und 1/2 Zoll entfernt aus der Tasche. Klemmen Sie die Rassel fest, bohren Sie ein Loch für die Schraube, kleben Sie dann die Rassel fest und schrauben Sie sie fest. Bevor der Kleber trocken ist, achten Sie darauf, dass die Rassel gerade ist, und stecken Sie dann die untere Schraube hinein.

Machen Sie den Klopfer aus Ahorn. Der Grund für die dreieckige Kerbe an der Unterkante wird deutlich, wenn man den Abzug umdreht. Je steifer die Feder ist, desto härter wird sie natürlich auf die Rassel einwirken und desto härter wird sich auch der Abzug drehen. 1/8 Zoll ist dick genug für die dünnste Stelle.

Der Abzug sollte ebenfalls aus Ahorn sein. Verbinden Sie es mit einer Kreuzstoßverbindung. (Siehe <u>Seite 24.</u>) Halten Sie dann jedes Ende nacheinander im Schraubstock aufrecht, zeichnen Sie die schrägen Linien und sägen Sie der Länge nach 3/8 Zoll so ab, dass auf jeder der beiden angrenzenden Flächen 1/16 Zoll flach bleibt. Nach dem Längssägen sägen Sie die kleinen Eckstücke quer ab. Der Abzug muss einem beträchtlichen Zug standhalten, daher sollte er gut, aber dennoch leicht passen, eine 1-Zoll-Schraube in der Mitte. Bevor Sie entweder den Klopfer oder den Abzug festschrauben, legen Sie beide auf den Waffenschaft, damit sie richtig einrasten. Markieren Sie dann die Stelle für die Schrauben, bohren Sie Löcher und schrauben Sie sie fest. Wenn der Klopfer die Klappe berührt, nehmen Sie ihn ab und entfernen Sie ein oder zwei schräge Chips an der Stelle, an der er mit dem Gewehrschaft verschraubt ist. Eine dünne Lederscheibe 5/8 " im

Durchmesser verhindert, dass sich der Abzug berührt. Mit etwas Seife lässt sich der Abzug leichter drehen.

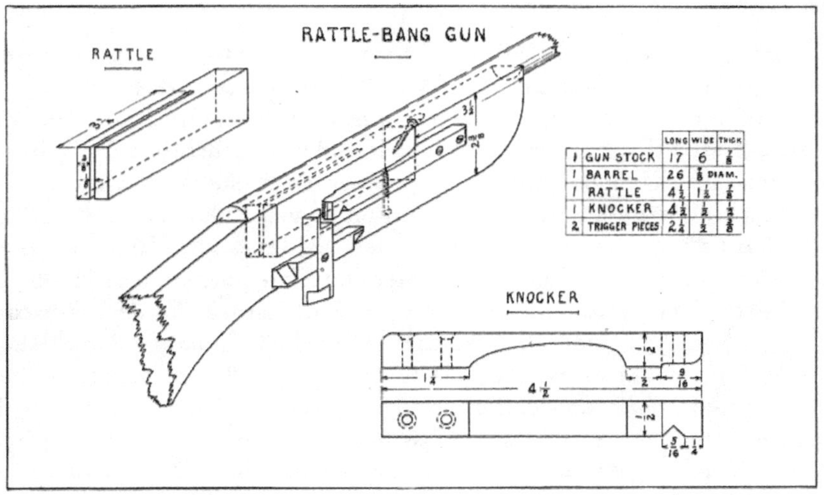

RATTLE-BANG GUN – Tafel 29

Der Lauf könnte durchaus aus einem Besenstiel bestehen. Damit es oben auf den Schaft passt, sägen Sie es in der Mitte durch und schneiden Sie die untere Hälfte ab. Stellen Sie vor dem Befestigen sicher, dass es den klingenden Teil der Rassel nicht berührt.

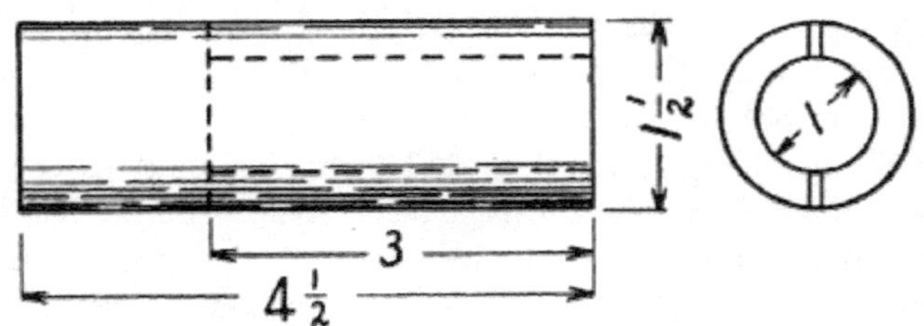

Abb. 8

Ein noch lauteres und schwieriger zu erzeugendes Rasseln ist in Abb. 8 dargestellt. Den meisten Jungen wäre es unmöglich, am Ende ein 1-Zoll-

Loch in Ahorn zu bohren. Der Klopfer und der Abzug müssten beide aus
dem Gewehrschaft heraus angebracht werden.

Dieses Boot ist ziemlich schwer konstruiert, um einen guten Service zu gewährleisten. Der Ballast und die Breite reichen aus, um sich selbst dann wieder aufzurichten, wenn die Segel nass werden. Wenn Sie ein besser aussehendes Boot wünschen, zeichnen Sie das Deck schlanker. Den Rumpf mit Meißel und Hohlmeißel aushöhlen; Schneiden Sie die Dollborde mit dem Speichenhobel ab, um ihm etwas Durchsichtigkeit zu verleihen. und auf ein dünnes Deck nageln. Weichkiefer ist das beste Holz für den Rumpf und Fichte für die Holme.

Um den Rumpf auszulegen, zeichnen Sie eine Mittellinie in Längsrichtung oben, unten und an den Enden des Holzblocks. Nehmen Sie alle auf dem Deck angegebenen Maße vor; (Oberseite des Rumpfes, Platte 30) zuerst in Längsrichtung, dann in Querrichtung. Im Einklang mit dem Deck sollte die Kurve mit einer Stichsäge und einem Speichenhobel bearbeitet werden. Anschließend muss der Bug mit den Sägen (Längs- und Querschnitt) unterschnitten werden, um Platz für das Ruder zu schaffen. Lassen Sie am Boden eine ebene Fläche von 7-1/4" × 1/2" frei, damit der Kiel hineinpasst. Dann runden Sie den Rumpf ab, wie in den Schnittzeichnungen AB und CD vorgeschlagen.

Machen Sie den Kiel und nageln Sie ihn fest. Bohren Sie von der Unterseite des Bootes aus und in der gleichen Neigung wie der Kiel und die Hinterschneidung ein 5/8-Zoll-Loch für den Ruderschaft.

Stellen Sie das Ruder und die Pinne aus 1/4-Zoll-Holz her. Die kleine Aussparung in der Pinne kann mit einem kleinen Meißel geschnitten werden, nachdem in der Mitte ein 3/16-Zoll-Loch gebohrt wurde. Machen Sie für das Rad einen etwa 2 Zoll langen Dübel und bohren Sie in ein Ende davon ein etwa 1 Zoll tiefes Loch für eine 1-1/4 Zoll-Schraube. Sägen Sie von diesem Ende ein 5/8 Zoll langes Stück ab und schrauben Sie es fest Deck etwa 1 1/2 Zoll vor dem Loch für das Ruder. Das Rad sollte sich ziemlich stark drehen, um in jeder gewünschten Position zu bleiben.

Befolgen Sie zur Herstellung der Holme (Mast, Ausleger usw.) die Anweisungen auf Seite 16 . Verwenden Sie große Schraubösen in der Gaffel und am Mast (oder siehe Tafel 16 , „Methode zum Schwenken der Ausleger zum Mast") und eine sehr kleine an der Spitze des Mastes. Um den Bugspriet sicher festzunageln, platzieren Sie ihn 1" hinter dem Bug, treiben Sie einen 1"-Brad durch ihn in der Nähe des Bugs und einen auf jeder Seite 3/4" zurück. Biegen Sie diese letzteren über den Bugspriet, bevor Sie sie eintreiben Der Bugspriet erhält eine nach oben gerichtete Neigung, indem sein größeres Ende so gehobelt wird , dass es zum Deck passt.

Das Ruder wird an zwei Klammern aus Stiften aufgehängt. Zwei kopflose Stifte werden in das Ruder getrieben und im rechten Winkel nach unten gebogen, um in diese Klammern zu passen. Damit sich der Ruderschaft ausreichend drehen kann, muss das Ruder dicht am Rumpf aufgehängt werden. Jedes „Seil" der Takelage sollte über eine eigene Öse (oder Klammer) und eine Klampe am Deck verfügen. Die Klampe (ein Gerät zum Befestigen eines „Seils" in jeder Position durch Hin- und Herwickeln) besteht einfach aus zwei schlanken, schräg angetriebenen Nägeln.

Das Großsegel sollte am Mast 9 Zoll und an der Außenkante 11 Zoll lang sein. Es sollte gesäumt und ordnungsgemäß an den Holmen befestigt werden. Am Mast können feine Drahtringe oder Fadenschlaufen verwendet werden. Der Ausleger sollte 9 Zoll über das Stag hinausragen (das „Seil" vom Ende des Bugspriets bis zur Mastspitze) und entweder daran festgenäht sein oder mit kleinen Drahtringen darauf gleiten.

Ballast kann aus dem Bleirohr geschnitten (mit Blechschere oder Säge) und an den Kiel genagelt werden. Um Nägel durch Blei zu treiben, klemmen Sie sie zwischen Daumen und Finger und treiben Sie sie vorsichtig ein.

Um das Boot besser halten zu können, wenn es nicht im Wasser ist, bauen Sie ein Trockendock, wie in der Zeichnung gezeigt.

BOAT

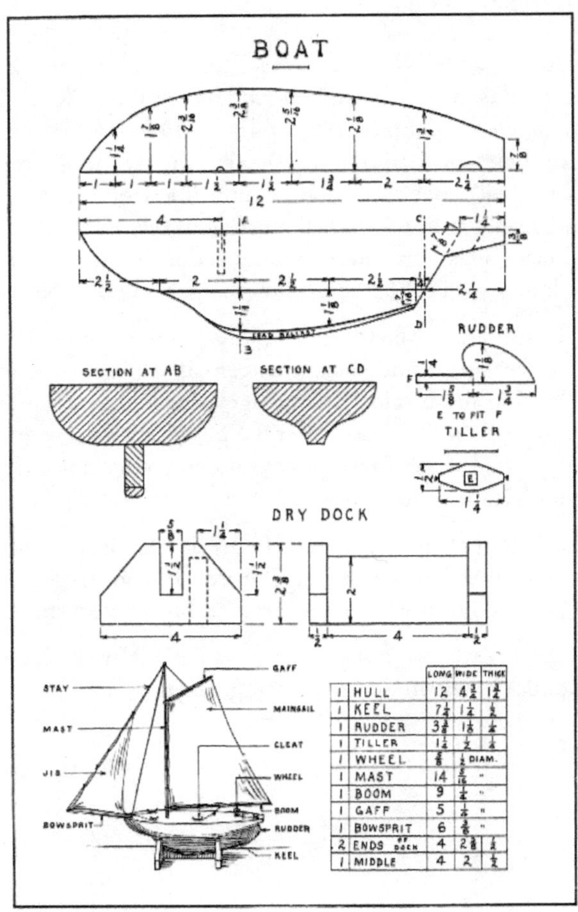

		LONG	WIDE	THICK
1	HULL	12	4¾	1¾
1	KEEL	7½	1¼	½
1	RUDDER	3¾	1⅛	¼
1	TILLER	1¼	¼	¼
1	WHEEL	⅝	½ DIAM.	
1	MAST	14	5/16	"
1	BOOM	9	¼	"
1	GAFF	5	¼	"
1	BOWSPRIT	6	⅝	"
2	ENDS OF DOCK	4	2⅛	½
1	MIDDLE	4	2	½

BOCT – TAFEL 30

Pfahlramme – TAFEL 31.

In nassem, weichem Boden müssen überall dort, wo Bauarbeiten durchgeführt werden sollen, zunächst lange, gerade Baumstämme, sogenannte Pfähle, eingerammt werden, um das Fundament zu stützen. In nassem Boden verfaulen sie nie; Diejenigen, die vor Jahrhunderten für den Bau Venedigs getrieben wurden, sind immer noch solide. Wenn Löcher in das Gewicht dieses Spielzeug-Rammgeräts gebohrt werden, wird es effektiver.

Dies ist kein schwieriges Modell, wenn jedes Teil gut verarbeitet ist. Es ist jedoch wichtig, die folgende Reihenfolge einzuhalten: Verläufe zu den Pfosten, Pfosten zu den Seiten, Seiten zur Basis, Oberseite zu den Pfosten, Streben zu den Pfosten, dann zur Basis. Die Enden der Streben sind auf Gehrung geschnitten, also wie die Ecken eines Bilderrahmens auf der Diagonalen eines Quadrats gesägt. Die Achse der kleinen Spule besteht aus zwei 1-Zoll-Stiften und ruht in Kerben so nahe am Ende der oberen Blöcke, wie es zum Feilen bequem ist. Sie wird durch kleine Stifte oder darüber gekreuzte Stifte an Ort und Stelle gehalten durch eine Klammer aus einem Stift. Eine Kurbel für die große Spule (Trommel genannt) besteht aus einem 3-Zoll-Stück steifem Draht. Es sollte so flach sein, dass es sich in der Trommel nicht dreht. Befestigen Sie die Saite durch ein kleines Loch, das in den Rand der Trommel gebohrt ist, an der Trommel. Wenn sich die Saite von der oberen Spule löst, stecken Sie eine große Öse in das Oberteil und führen Sie die Saite hindurch.

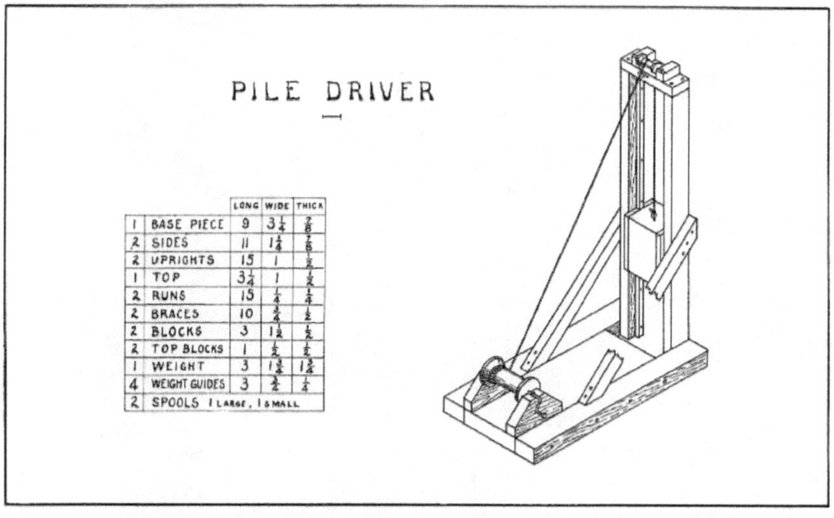

		LONG	WIDE	THICK
1	BASE PIECE	9	$3\frac{1}{4}$	$\frac{7}{8}$
2	SIDES	11	$1\frac{1}{4}$	$\frac{7}{8}$
2	UPRIGHTS	15	1	$\frac{1}{2}$
1	TOP	$3\frac{1}{4}$	1	$\frac{1}{2}$
2	RUNS	15	$\frac{1}{4}$	$\frac{1}{4}$
2	BRACES	10	$\frac{3}{4}$	$\frac{1}{2}$
2	BLOCKS	3	$1\frac{1}{2}$	$\frac{1}{2}$
2	TOP BLOCKS	1	$\frac{1}{2}$	$\frac{1}{2}$
1	WEIGHT	3	$1\frac{3}{4}$	$1\frac{3}{4}$
4	WEIGHT GUIDES	3	$\frac{1}{4}$	$\frac{1}{4}$
2	SPOOLS 1 LARGE, 1 SMALL			

- 85 -

WINDMÜHLE – .

Auf einem Hügel, jedem Wind ausgesetzt, dreht sich seit vier Jahren eine dieser von einem Jungen gebauten Windmühlen. Die Windmühle dient in dieser Form auch als Wetterfahne. Kiefer ist das beste Holz für dieses Modell. Um der Witterung standzuhalten, sollte das Modell lackiert werden.

Nachdem Sie den Pfosten auf Maß gehobelt haben , zeichnen Sie die Fasen (siehe Seite 32) mit einem Bleistift an allen vier Seiten an. Die Kurve sollte mit einem Messer geschnitten werden; Der obere Teil kann gehobelt werden, wenn der quadratische Teil nicht im Schraubstock zusammengedrückt wird. Hobeln Sie die beiden Teile für die Flügel so genau wie möglich, um eine gute Verbindung herzustellen. Legen Sie diese Verbindung gemäß den Anweisungen auf Seite 24 aus und schneiden Sie sie aus . Nachdem es gut eingepasst ist, zeichnen Sie die Kurven an den Stellen, an denen die Kanten weggeschnitten werden sollen. Es sind sechzehn davon. Öffnen Sie den Zirkel 3/4" und platzieren Sie die Nadelspitze immer auf der *vorderen rechten Kante* , während sich das Rad dreht. Die Kurve beginnt 1/8" von der Verbindung entfernt und endet 1/8" von der Hinterkante (eine geht auch). Ziehen Sie von diesem Punkt aus eine gerade Linie zum Ende des Flügels. Zeichnen Sie diese Linien wie auf Seite 32 beschrieben . Nehmen Sie die Verbindung auseinander und schnitzen Sie die Kanten zu diesen Kurven ab.

Machen Sie am Balken Fasen mit einer Länge von 1-3/4 Zoll. Zeichnen Sie am hinteren Ende oben und unten eine Mittellinie und zwei Linien auf jeder Seite der Mittellinie im Abstand von 1/8 Zoll. Machen Sie zwischen den ersten beiden, der Mittellinie am nächsten, die V-förmige Nut, in die das Ruder passt. Die Seiten des Balkens müssen bis zu den anderen beiden Linien gekürzt werden, sodass dieses Ende 1/2 Zoll breit bleibt.

Die Rundungen am hinteren Ende des Ruders lassen sich am besten mit einer Dekupiersäge sägen. Wenn dies nicht der Fall ist, gehen Sie wie folgt vor: Bohren Sie zunächst ein 1/4-Zoll-Loch in der Nähe der kurzen geraden Linie in der Mitte. Legen Sie das Ruder auf ein Schneidebrett und schneiden Sie diese Linie mit einem Meißel ab. Als nächstes sägen Sie gerade vom Ende des Ruders aus Ruder zu dieser geraden Linie; dann sägen Sie die Ecken und schneiden Sie die Kurven zu. Die Breite der Kerbe am vorderen Ende des Ruders entspricht dem Abstand, der zwischen den Wurzeln der V-förmigen Kerben im Balken verbleibt. Messen Sie dies Platz, legen Sie die Kerbe aus, sägen und meißeln Sie sie; schneiden Sie dann die Ecken ab, damit sie in die V-förmigen Kerben im Balken passen. Achten Sie darauf, das Ruder nicht zu überfüllen, da es sonst leicht splittert. Wenn es montiert ist, kleben und nageln Sie es fest Platzieren Sie es und schrägen Sie ein 1-Zoll-Brad durch die Kurve in den Balken.

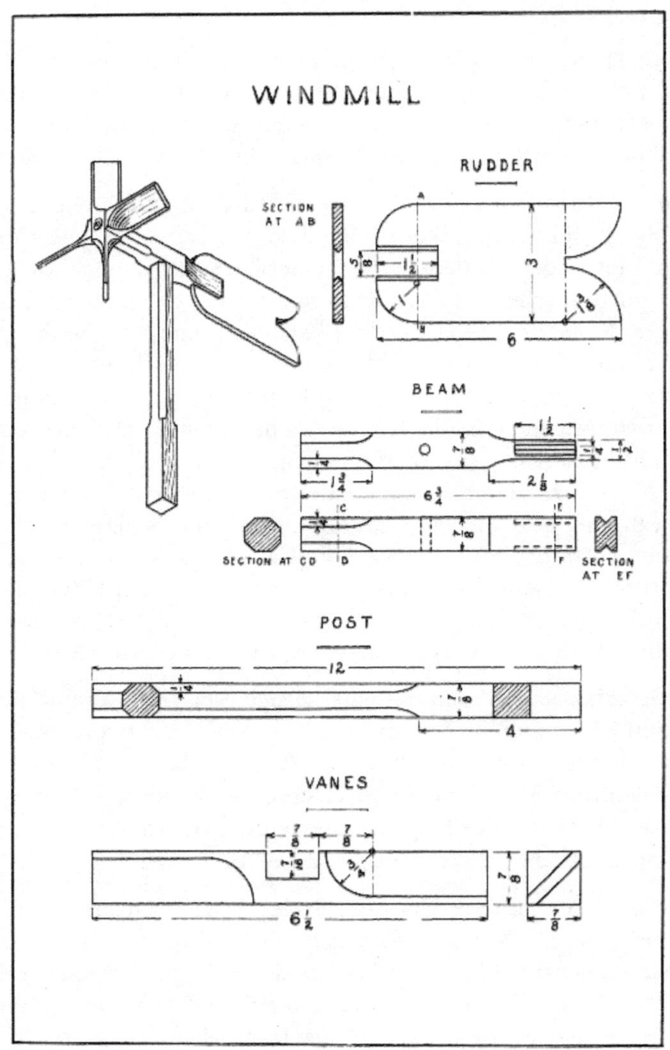

WINDMÜHLE – TAFEL 32

Befestigen Sie das Rad mit zwei Unterlegscheiben und einer großen Schraube (2 Zoll Nr. 12 Rundkopf ist eine gute Wahl). Bohren Sie für diese Schraube ein 1/4 Zoll großes Loch durch die Mitte des Rads und ein kleineres Loch in das Rad Strahl. Balancieren Sie nun die Windmühle oben auf dem Pfosten und setzen Sie Balken und Pfosten mit Unterlegscheiben und Schrauben auf die gleiche Weise zusammen.

Drachenschnurrolle – PLATTE 33.

Ein Junge, der Drachen steigen lässt, wird diese Rolle zu schätzen wissen, da sie seinen Drachen schnell einholt und die Schnur in Ordnung hält. Die Achse ist lang ausgeführt, um beim Auslassen des Drachens eine Bremse betätigen zu können. Die Bremse ist einfach eine starke Schnur, die an einer Schraube im unteren Teil des weiteren Pfostens befestigt ist (siehe Tafel 33), mehrmals um die Achse gewickelt und am anderen Ende in der Hand gehalten wird. In die Basis ist ein 1-Zoll-Loch gebohrt, damit die Rolle mit einem Pfahl im Boden verankert werden kann. Mit einer Schnurschlaufe, die am Pfosten unterhalb der Kurbel befestigt wird, kann die Kurbel am Drehen gehindert werden, wenn man dies nicht möchte Lassen Sie die gesamte Drachenschnur heraus.

Machen Sie zuerst die Basis und dann die Pfosten. In den Pfosten ist es praktischer, die 9/16-Zoll-Löcher zu bohren, bevor die Seiten schräg gehobelt werden. Nachdem die Radteile wie auf Seite 24 beschrieben zusammengefügt wurden, legen Sie die schrägen Linien an jedem Arm an, während die Verbindung stillsteht zusammen; nehmen Sie es dann auseinander und hobeln Sie es bis zu den schrägen Linien. Halten Sie jedes Stück sicher schräg im Schraubstock, da besonders ein Paar dazu neigt, von der Kerbe nach außen zu spalten. Wenn das Hobeln abgeschlossen ist, kleben Sie die Verbindung und bohren Sie eine Hälfte " Loch direkt durch die Mitte. Wenn möglich, fertigen Sie die Querstücke in einem langen Stück von 20 Zoll an, indem Sie eine Ecke flach abhobeln (siehe Schnittzeichnung, Tafel 33) innerhalb von 1/8 Zoll von den beiden angrenzenden Ecken. Achten Sie darauf, dass kein Nagel in das 1/2-Zoll-Loch getrieben wird, und kleben und nageln Sie diese vier Querstücke an ein Rad. Kleben Sie sie dann an das andere Rad und wickeln Sie etwas Schnur fest genug um dieses Rad, während Sie es einstellen und festnageln. Es Es muss darauf geachtet werden, dass die Querstücke im rechten Winkel zum ersten Rad stehen und das zweite Rad parallel zum ersten. Nachdem die Schnur umwickelt ist, um das zweite Rad zu halten, messen Sie den Abstand von Rad zu Rad an den Enden aller Arme. Das Nageln kann durchgeführt werden, während ein Arm der Räder im Schraubstock gehalten wird. Die Achse und der Griff sollten an die Kurbel geklebt und genagelt werden. Setzen Sie nun die Rolle zusammen, vergessen Sie nicht die Unterlegscheiben in den Pfosten, und befestigen Sie die Räder daran Achse, indem Sie ein Loch für einen 2-Zoll-Nagel durch Querstück, Rad und Achse bohren.

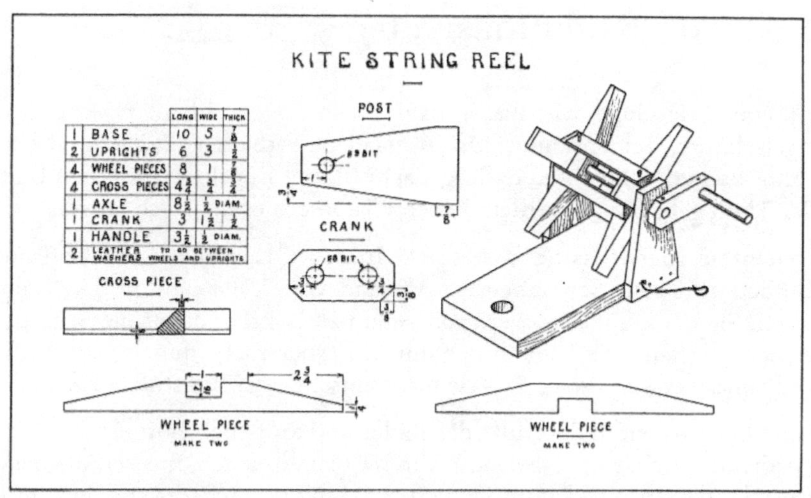

Drachenschnurrolle – PLATTE 33

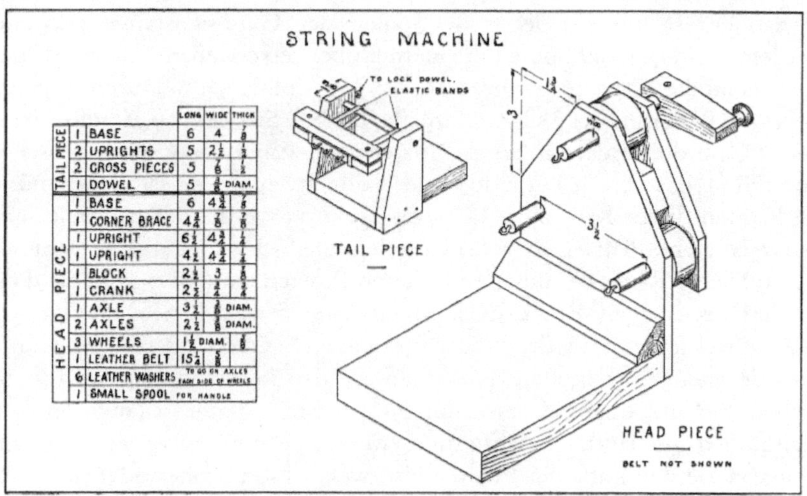

Saitenmaschine – TAFEL 34

Saitenmaschine – <u>PLATTE 34</u>.

Auf einer Maschine wie dieser kann man Bogensehnen, Obersehnen , Angelschnüre, Seidenschnur für ausgefallene Arbeiten und jede ähnliche Schnur drehen. Obwohl es dafür gedacht ist, mit Bügeleisen auf dem Boden oder Tisch gehalten zu werden, halten Klammern es natürlich besser.

Machen Sie zuerst das Schwanzstück. In den Querstücken des Endstücks befinden sich zwei Schrauben im Abstand von 7/8 Zoll von den Enden. Achten Sie darauf, die Löcher groß genug zu bohren, damit die Schrauben sie nicht spalten. Die Kanten des unteren Querstücks müssen so weit mit Sandpapier versehen sein, dass sie nicht einschneiden Elastische Bänder.

Damit der Riemen in der Mitte der Räder im Kopfstück läuft, ist es wichtig, dass die drei Achsen parallel sind. Um dies zu erreichen, müssen die beiden Pfosten zusammengeklemmt werden, während die 3/8-Zoll-Löcher für die Achsen gebohrt werden. Damit die Spitze des Bohrers die Pfosten nicht spaltet, bohren Sie zuerst kleine Löcher in jeder Mitte. Nageln Sie den längeren Pfosten nicht fest Unterlage, bis der Riemen in beide Richtungen gut läuft. Auf einer Drehmaschine könnten die Räder und Achsen problemlos aus einem Stück gefertigt werden; wenn keine Drehmaschine vorhanden ist, muss eine große Spule oder Gardinenstange verwendet werden. Das Loch der Spule mit einem Dübel verschließen, Finden Sie dann sehr genau die Mitte und bohren Sie ein 3/8-Zoll-Loch hindurch. Sägen Sie es für die Räder in drei 5/8-Zoll-Stücke. Kleben Sie diese so auf die Achsen, dass 1 Zoll durch den höheren Pfosten ragt. Ein Riemen läuft besser auf einem Rad, das „ballig" ist, also in der Mitte etwas größer ist; daher müssen die Kanten dieser Räder um 1/32 Zoll gekürzt werden, sodass eine sanfte Kurve entsteht. Platzieren Sie die Unterlegscheiben auf jeder Seite der Räder, setzen Sie die Räder dann in den höheren Pfosten ein und nageln Sie diesen an den dreieckigen Block. Ziehen Sie eine 5 Legen Sie einen 8-Zoll-Ledergürtel fest um die drei Räder und nähen Sie die Enden so zusammen, dass sie aneinander stoßen. Klemmen Sie den kürzeren Pfosten fest und drehen Sie die obere Achse, um zu prüfen, ob der Riemen in beide Richtungen gut läuft. Es läuft rund, wenn alle drei Achsen parallel sind. Schlagen Sie den kürzeren Pfosten also weiter hin und her oder nach oben und unten, bis der Riemen rund läuft. Bohren Sie dann Löcher für drei Schrauben, um es am dreieckigen Block zu befestigen. Machen Sie die Kurbel und befestigen Sie sie mit einer 1/2-Zoll-Schraube an der oberen Achse.

Um eine Saite zu verdrehen, stellen Sie die beiden Teile der Maschine etwas weiter auseinander als die gewünschte fertige Länge und legen Sie so viele Fäden an , von den Haken am Endstück bis zu den entsprechenden Haken am Kopfstück, dass die fertige Saite die gewünschte Größe hat . Beobachten

Sie, wie diese einzelnen Fäden verdreht wurden, und starten Sie die Maschine in *umgekehrter* Reihenfolge. Drehen Sie, bis die drei Stränge leicht knicken, wenn das Kopfstück näher an das Schwanzstück gebracht wird. Je fester diese gedreht werden, desto härter wird die Saite. (Seife, die auf die Innenseite des Riemens gerieben wird, kann dazu führen, dass der Riemen mehr Leistung überträgt.) Wenn diese drei Stränge ausreichend verdreht sind, entfernen Sie die beiden unteren aus ihren *Haken am Kopfstück* zum oberen Haken. In die *entgegengesetzte* Richtung drehen, bis die Saite erneut knickt und fertig ist. Wenn die drei Stränge gewachst werden, entsteht eine stärkere Saite.

WINDMÜHLEN-KRAFTPUMPE – <u>PLATTE 35</u>.

Wenn diese Pumpe ordnungsgemäß mit einer Luftkammer verbunden ist, wie später erklärt wird, sendet sie einen kleinen Wasserstrahl von etwa drei Metern Höhe. Bei einem Sturm ist die Windmühle tatsächlich stark genug, um die Ventile aus den Glasröhren zu drücken. Wie bei jedem Modell mit beträchtlichem Mechanismus ist Geduld erforderlich, um es funktionsfähig zu machen. Der Beitrag ist aus Stabilitätsgründen kurz gehalten. Wenn es fest an Ort und Stelle gehalten werden kann, könnte ein Gerüstturm wie eine echte Windmühle aus Rohmaterial mit 1/2" × 1/2" für die Eckpfosten und 1/2" × 1/8" für die Streben gebaut werden.

Der Pfosten ist auf zwei Seiten abgeschrägt, damit er oben in die Zeitschriften passt. Es wird mit zwei 2-Zoll-Schrauben an der Basis befestigt. Machen Sie die Mitte des Rads 2-1/8 Zoll quadratisch und bohren Sie in der Mitte ein 1/4-Zoll-Loch. Wenn es sich nicht rund dreht, machen Sie einen weiteren Block und versuchen Sie es erneut. Machen Sie den Block achteckig, indem Sie jede Ecke 5/8 Zoll abschneiden. Sägen Sie auf jeder der acht Flächen Kerben mit einer Breite von 1/8 Zoll und einer Tiefe von 5/16 Zoll, in die die Flügel passen. (Informationen zum Ausschneiden von Kerben finden Sie auf <u>Seite 64.</u>) Fertigen Sie die Flügel an, kleben Sie sie fest und legen Sie das Rad flach zum Trocknen hin.

Besorgen Sie sich drei 5 cm lange Wassermessglasstücke mit einem Innendurchmesser von 7/16 bis 1/2 Zoll. Glasrohre können auseinandergebrochen werden, indem Sie eine kleine Kerbe anfeilen, das Rohr auf beiden Seiten der Kerbe fest fassen und ziehen und biegen Ziehen Sie das Röhrchen von der Kerbe weg. Wenn die Feile ein wenig reißt, geht das vergleichsweise einfach, wenn nicht, feilen Sie noch etwas weiter. In zwei Röhrchen müssen kleine Ventile eingeklebt werden. Diese können aus einem festen Stück Leder bestehen. Am besten eignet sich Sohlenleder, das nicht zu hart ist. Schneiden Sie mit einem Messer oder Meißel zwei Stücke auf dem Schneidebrett zu, damit sie in die Rohre passen. Der Zement macht sie später wasserdicht. Drücken Sie die scharfe Spitze eines Taschenmessers in die glatte Seite des Leders Lederscheibe und machen Sie einen kreisförmigen Schnitt, so wie man einen Fleck von einem Apfel entfernen würde, aber schneiden Sie die Klappe nicht vollständig heraus, da sie an der Scheibe angelenkt bleiben muss. Drehen Sie diese Klappe gerade nach oben, sodass sie nicht im Weg ist in der Lage, ein 1/4-Zoll-Loch durch die Scheibe zu bohren. Dies kann gestanzt, gebohrt oder mit einem 1/8-Zoll-Meißel ausgeschnitten und mit einem Taschenmesser bearbeitet werden. Natürlich sollten die Kanten der Klappe dieses Loch vollständig abdecken. Das Ventil im untersten Rohr sollte etwa 1/2 mm zementiert sein. 2" vom unteren Ende mit der Klappe nach oben, im horizontalen Rohr etwa 3/4" vom äußeren Ende mit der Klappe nach außen.

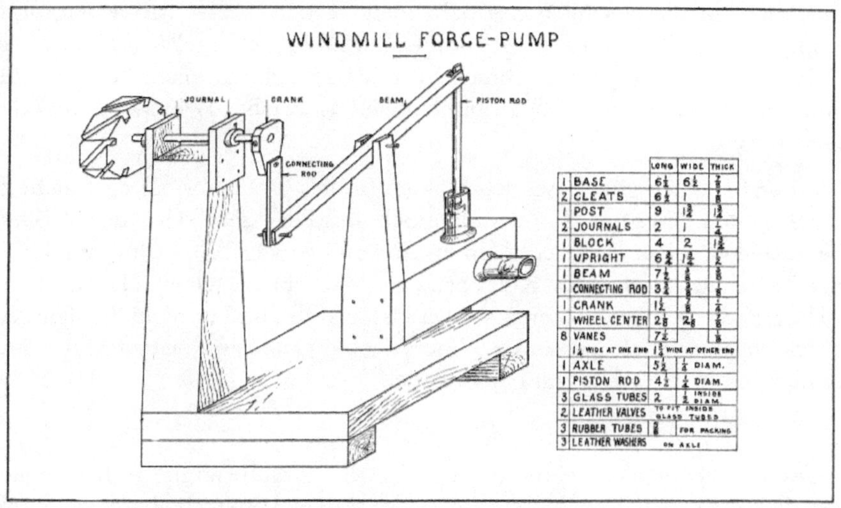

		LONG	WIDE	THICK
1	BASE	$6\frac{1}{2}$	$6\frac{1}{2}$	$\frac{7}{8}$
2	CLEATS	$6\frac{1}{2}$	1	$\frac{7}{8}$
1	POST	9	$1\frac{3}{4}$	$1\frac{3}{4}$
2	JOURNALS	2	1	$\frac{1}{4}$
1	BLOCK	4	2	$1\frac{3}{4}$
1	UPRIGHT	$6\frac{3}{4}$	$1\frac{3}{4}$	$\frac{3}{8}$
1	BEAM	$7\frac{1}{2}$	$\frac{3}{8}$	$\frac{3}{8}$
1	CONNECTING ROD	$3\frac{3}{4}$	$\frac{3}{8}$	$\frac{3}{8}$
1	CRANK	$1\frac{1}{2}$	$\frac{7}{8}$	$\frac{1}{4}$
1	WHEEL CENTER	$2\frac{3}{8}$	$2\frac{3}{8}$	$\frac{7}{8}$
8	VANES	$7\frac{1}{2}$		$\frac{1}{8}$
	$1\frac{1}{4}$ WIDE AT ONE END $1\frac{3}{4}$ WIDE AT OTHER END			
1	AXLE	$5\frac{1}{2}$	$\frac{1}{4}$ DIAM.	
1	PISTON ROD	$4\frac{1}{2}$	$\frac{1}{4}$ DIAM.	
3	GLASS TUBES	2	$\frac{1}{2}$ INSIDE DIAM.	
2	LEATHER VALVES	TO FIT INSIDE GLASS TUBES		
3	RUBBER TUBES	$\frac{5}{8}$	FOR PACKING	
3	LEATHER WASHERS	ON AXLE		

WINDMÜHLEN-KRAFTPUMPE – TAFEL 35

Um das Siegellack klebrig genug zu machen, um diese Ventile in den Röhrchen zu zementieren, schmelzen Sie einen Teelöffel Wachs mit einem halben Teelöffel Terpentin in einem großen Löffel und lassen Sie es abkühlen. Brechen Sie es in Stücke, die klein genug sind, um in die Röhrchen zu passen. Platzieren Sie das Ventil etwas seitlich von seiner endgültigen Position im Rohr; etwas von der Wachsmischung hineingeben; Erhitzen Sie das Röhrchen in einer Alkoholflamme und rollen Sie das Röhrchen, bis das Wachs zu schmelzen beginnt. von der Flamme nehmen; Wenn das Wachs vollständig geschmolzen ist, drücken Sie das Ventil mit einem Bleistift in seine endgültige Position. Achten Sie beim Abkühlen darauf, dass das Wachs nicht in das Ventil fließt. Alle drei Rohre müssen außen mit einem Stück Gummischlauch versehen sein, der als Dichtung im Holzblock dient. Mit einem Spreizbohrer können Löcher in den Block gebohrt werden, damit der Gummischlauch fest sitzt. Fehlt das, bohren Sie ein kleineres Loch und vergrößern Sie es mit einer Rundfeile. Die Mitte des vertikalen Lochs liegt etwas links (wie in Tafel 35 zu sehen) von der Mitte des Blocks, um dem horizontalen Rohr mehr Halt zu geben. Dazu muss sich die Kerbe im Pfosten ebenfalls links von der Mitte befinden. Nach dem Bohren der Löcher müssen die Poren des Holzes mit Paraffin gefüllt werden. In einer kleinen Schüssel etwas Paraffin schmelzen und mit einem an einem Stock befestigten Lappen in die Löcher geben. Wenn die Löcher gut bedeckt sind, treiben Sie das Wachs mit einer Alkohol- oder Kerzenflamme in das Holz ein, bis das Holz ziemlich heiß ist. Die Außenseite des Blocks könnte durchaus auf die gleiche Weise behandelt werden. Es ist am besten, diese Rohre an ihrer Stelle zu zementieren. Einen Esslöffel Siegellack mit etwa der gleichen Menge Terpentin schmelzen. Bilden Sie damit, nicht zu heiß, eine gute Kehle über dem Gummischlauch, vielleicht 1/4 Zoll, auf den Glasröhren.

Machen Sie einen gut passenden Kolben für das Oberrohr; Es darf nicht zu stark gleiten (ölen) und muss dennoch luftdicht sein. Um den Kolben herzustellen, feilen Sie zwei Rillen im Abstand von 1/2 Zoll rund um und in der Nähe des Endes der Kolbenstange. Wickeln Sie einen Haufen Garn zwischen diese Rillen, bis er das Rohr fast ausfüllt, und wickeln Sie dann ein Stück weiches Tuch (gestrickte Unterwäsche) glatt darüber den Hügel und binden ihn in jeder Nut mit einem Faden fest.

Befestigen Sie die Kurbel mit einer 1/2-Zoll-Schraube an der Achse. Stellen Sie die Achse ein und halten Sie sie mit zwei Lederscheiben, die direkt außerhalb der Lagerzapfen an der Achse befestigt sind, in Position. Klemmen Sie den Block an der Basis fest, stellen Sie ihn auf eine Linie mit der Kurbel ein. und befestigen Sie es mit zwei 1-1/2-Zoll-Schrauben durch die Basis. Die letzte Verbindung besteht zwischen Kurbel und Pleuel. Heben Sie dazu den Kolben in die höchste Position und drehen Sie die Kurbel in die niedrigste Position. Wählen Sie den Punkt aus, der Ihnen für die Schraube am besten erscheint, und markieren Sie den Punkt auf der Kurbel und der Pleuelstange. Senken Sie nun den Kolben und heben Sie die Kurbel an. Wenn die beiden Punkte nicht zusammenkommen, sollte die Schraube in der Mitte zwischen ihnen platziert werden. Diese Schraube sollte fest in der Kurbel sitzen. Das Rad kann nun auf die Achse geklebt oder mit einem von der Vorderseite der Radmitte schräg gestellten Stift fixiert werden.

Bevor sie funktionieren, müssen die Ventile mit Wasser geschmeidig gemacht werden, und um die Pumpe zu starten, muss möglicherweise Wasser auf jede Seite der Ventile gegeben werden. Durch die Befestigung eines Rohrs am horizontalen Rohr kann Wasser in jede beliebige Höhe gepumpt werden. Um einen gleichmäßigen Strahl wie bei einem Feuerwehrauto zu erhalten, verbinden Sie das horizontale Rohr mit einer luftdichten Flasche. Das Rohr, das in diese Flasche führt, sollte knapp unter den Stopfen reichen. Das Auslassrohr sollte fast bis zum Boden der Flasche reichen und eine Düse haben, die kleiner ist als jede andere Öffnung im gesamten Gerät. Die Flasche sollte teilweise mit Wasser gefüllt sein. Viertelzoll-Glasrohre können

in einer Alkoholflamme geschmolzen und geformt werden, und wenn
Gummirohre als Verbindung verwendet werden, kann die Düse überall
eingesetzt werden.